Brigitte Wiers
Nachtgesänge

Erzählungen und Gedankensplitter

Titelgrafik und Collagen: Brigitte Wiers

© 2016 Brigitte Wiers

www.wiers.de

Herstellung und Verlag:
BoD – Books on Demand, Norderstedt

Printed in Germany
1. Auflage 2016

ISBN: 9783741254017

Inhalt

Blick in fremde Welten 1
Gedankensplitter 2
Hamburg bei Nacht 3
Venedig 4
Die Stille des Waldes 5
Und der Himmel ist grenzenlos 8
Eine Reise zum Meer 9
Die Bergwanderung 14
Ihr Freund – der Baum 17
Das alte Haus 19

Grenzerfahrungen 23
Eine schicksalhafte Begegnung 24
Das Tagebuch 26
Jenseits des Eisernen Vorhangs 28
Und Schweigen ist Gold 31
Das Erdbeben 34
Kay West Impressionen 37
In einem anderen Land 38
Geheimkommando 39
Anna klopft an die Himmelspforte 42
Der Herbst fällt ins Haus 47
Der Tod der kleinen Hatice 47

In Zeit und Raum 49
Vier eiserne Waschbecken 50
Und dann stürmen wir die Isenburg 53

In der Morgendämmerung 57
Eine afrikanische Prinzessin 58
Das Netz des alten Fischers 63
In der Dunkelheit der Nacht 65
Einsamkeit 66
Allein im Haifischbecken 67
Dort wo die hohen Schlote rauchten 68
Ein seltsam kalter Sommer 74
Bunte Farben des Lebens 75
Der Maler und sein Paradies 76
Wenn Katzen kratzen und Flöhe beißen 81
Dreizehn verhinderte Weihnachtsgänse 85
Wohin – an Rhein oder Ruhr? 88
Die Weinprobe 95
Im Wartesaal 97
Im Rosengarten 98
Der Krug und die Liebe 99
Der Froschkönig ist alt geworden 101
Spiel mit Wellen Farbe Licht 105
Das Gelächter der Mäuse 106
Das ewige Brautpaar 110
Sappho 112
Ein Albtraum 113
Kamingeflüster 115

Blick in fremde Welten

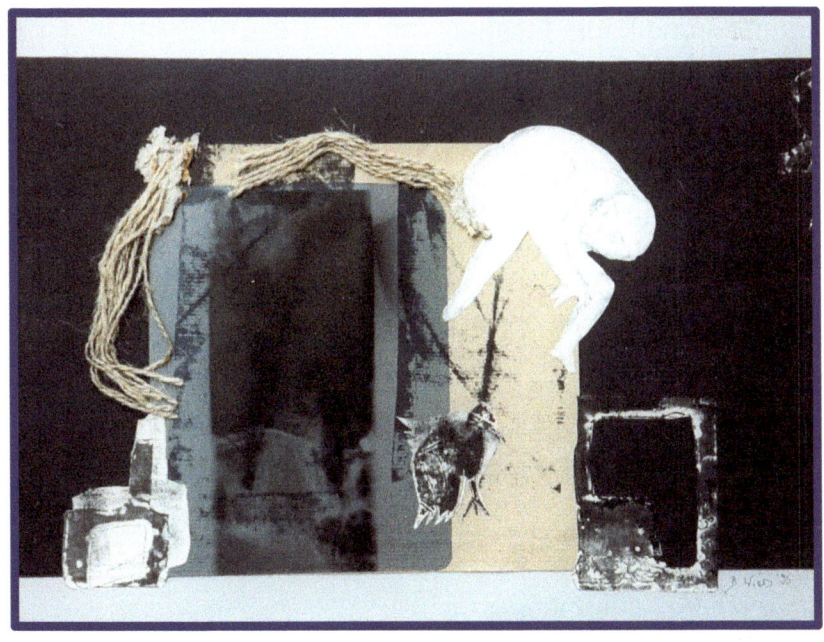

Gedankensplitter

Leise schlüpfen sie
durch die Finger des Verstandes,
flüchtig und kaum fassbar
wie zarte Wolkenbilder,
Traumgespinste, Phantasien,
Zerrbilder, Fratzen, Fabelwesen.
Sie formen Worte, Sätze und Kaskaden.
In der Wirrnis ihrer Worte jedoch
liegt die Wahrheit verborgen.

Sie werden zu Fiktionen der Nacht.
Noch sind sie unvollendet.
Noch wollen sie weiter durchdacht,
bearbeitet, entwickelt werden,
wollen Teil jenes Ichs sein,
das du bist,
das du werden möchtest.

Der Nachhall der Worte,
die Dunkelheit der Nacht,
sie gleichen dem warmen Licht
der aufgehenden Sonne.
Warte nicht auf leere Worte,
nicht auf den stummen Totentanz.

Der nächste Tag wird kommen,
die Welt dreht sich weiter
und du mit ihr.
Bring zu Ende,
was du begonnen hast,
vollende dein eigenes Ich.

Nachdenken über das Leben
die Stadt und das Meer

Hamburg bei Nacht

In den späten Abendstunden knistert das nächtliche Hamburg von Leben: hier das Johlen der Betrunkenen, dort das Schreien der Taxifahrer, das Lachen der Straßenmädchen.

Die feuchte Frühlingsluft weht von der Elbe herauf. Dort unten, auf dem Strom im Hafen werden Anker gelichtet, werden Segel losgemacht, Schiffsmotoren angeworfen, und dunkle Schiffe laufen mit der Tide aus, hinaus aus dem Hafen, dem abgrundtiefen Ozean entgegen, der unter dem Mond wogt und rollt.

Große, rastlose Geschöpfe gleiten durch die Wassertiefe. Bleiche, graue Seevögel kreisen kreischend im Nachtwind und segeln den jagenden Wolkenfetzen entgegen. Ist es zu glauben, dass irgendwo dort weit draußen unter den Sternen ein Märchenland – mein Märchenland – liegt, mit herrlich weißen Sandstränden, umschäumt von einer blauen See und auf mich wartet?

Ich beginne zu träumen, fühle mich wie ein Tropfen Wasser im unendlichen Meer, verschmelze mit dem All, treibe einem fernen Ozean entgegen und erhebe mich aus dem dunklen Schatten der Nacht ins Land meiner Träume.

> Hier stehen sie am Gestade
> ihrer Träume und warten
> das Möwen Ihnen den Weg
> ins Paradies weisen

Venedig

Diese Stadt, sie hat mich verzaubert.
Sie - die Stadt der trauernden Lagunen,
die Unvergleichliche, die Unvergängliche,
sie nistet sich in meine Träume ein.
Ihr morbider Charme widersetzt sich
der Fäulnis des Materiellen.
Es ist, als zögen windverwehte Lieder
über sie hinweg gleich einer Tränenspur.

Beim Gang durch die Gassen,
die Kanäle entlang,
über die Brücken hinweg
werfe ich meinen Sehnsuchtsanker
in den zitternden Wasserspiegel.
Mir ist, als sähe ich die Masken der Nacht
hinter maurischen Fassaden
von vergangener Größe träumen.

Schwarze Gondeln rauschen
an morschen Mauern vorbei
und verschmelzen wie von Zauberhand
mit dem Dunkelgrün des Wassers,
doch keine Wellenlinien
verraten mehr ihre Spur.
Venedig -
diese Stadt der trauernden Lagunen –
sie hat mich verzaubert.

> Hör das Wasser, hör das Gras
> Hör die Bäume und den Tag

Die Stille des Waldes

Undurchdringlich wirkt das Dach des Waldes. Flirrend tasten sich die Strahlen der Morgensonne durch das Geäst, werfen bizarre Muster auf knorrige Stämme und malen die langen Schatten der Bäume auf den sandigen Waldweg, der mich zu meiner geheimen Lichtung führt, zu meinem Refugium, der Bühne für meine Phantasien und Träume. Da liegt sie vor mir, vom Sonnenlicht durchflutet, eingerahmt von den weißen Stämmen der Birken, deren junges Grün im Morgenwind leise erschauert. Weiches Moos und zarte Gräser laden zum Ausruhen ein. Kann ich mir einen besseren Platz wünschen zum Nachdenken, Abschalten, Abstand gewinnen? Hier bin ich mit mir allein, bin ganz versunken in diese Stille, die mich umgibt.

Ach, diese Stille! Wie ich sie liebe! Sie macht mein Inneres groß und weit, so weit, dass ich darin alles aufnehmen kann, was sonst kaum Beachtung in mir findet. Ganz entspannt liege ich im Gras, lasse mich von der Sonne bescheinen und spüre, wie die Sommersprossen meine Nase kitzeln. Um mich herum das Wimmeln und Flirren der kleinen Welt zwischen den Halmen – Käfer, Mücken, Spinnen, Hummeln. Wie ein Dschungel kommt mir das Reich der Krabbeltiere vor: Da kämpfen Ameisen und Marienkäfer um Blattläuse, Schnecken umarmen einander liebevoll und Spinnen wickeln Fliegen ein. Darüber summen die Bienen, flattern die Schmetterlinge, schwirren die goldäugigen Eintagsfliegen von Blüte zu Blüte.

Und dann die Vögel, die über mich hinweg fliegen; Wolken aus Federn, die von den Bergen kommen, kleine

Vögel, große Vögel, nachtblaue Vögel, Vögel zart wie Libellen, mächtig wie Adler, nah wie der Hauch des Windes auf meiner Haut. Zwei, drei, vier, nein, ein ganzer Schwarm scheint sich über meinem Kopf zu versammeln. Da, einer löst sich aus dem Pulk, kommt ganz nah an mich heran. Wird er sich neben mir niederlassen? Oder gar auf meiner Hand? Vielleicht, wenn ich ganz still liegen bleibe? Der heilige Thomas konnte mit den Tieren sprechen. Ja, warum sollte das nicht möglich sein? Warum sollten die Tiere uns nicht verstehen? Also spreche auch ich mit dem Vogel: „He, großer Vogel", sag ich, „komm, setz dich zu mir. Sag doch mal was."

Natürlich sagt er nichts, aber er kommt näher und setzt sich auf die höchste Spitze einer Birke am Rande der Lichtung. Ist es ein Sperber? Ein Bussard? Stahlblau glänzt sein Gefieder in der Sonne. Regungslos blickt er starr geradeaus. Hat er irgendwo in der Ferne ein Opfer erspäht, oder ruht er sich einfach aus? Vielleicht träumt er auch nur, so wie ich es tue, wenn ich hier sitze. Träumt er von fernen Ländern, über die er in ruhigem Flug dahin gleitet?

Da, er breitet seine Schwingen aus! „Halt, großer Vogel, flieg doch nicht davon, lass mich nicht wieder allein!" Schon hat er den Wipfel des Baumes verlassen – doch sieh nur, er dreht eine Runde über meiner Lichtung, so als wolle er mich auffordern, mitzukommen. Meine Augen folgen ihm, meine Gedanken begeben sich mit ihm auf die Reise. Ich verlasse den abgrundtiefen Rand der Erde und schwinge mich federleicht auf in die klare Tiefe des Blaus. Ein Vogel bin ich geworden, ein Vogel! Oder täusche ich mich? Bin ich nur der Schatten einer Wolke, der flüchtig über die Lichtung zieht? Bin ich ein Salamander, der lautlos durch das Gras huscht? Oder bin ich der

Geist der Elfenkönigin, die einst ihr Königreich auf dieser Wiese hatte?

O wie sehr genieße ich diese Minuten, diese Stunden, die ich allein auf meiner Lichtung liege, alles Schwere, alles Bedrückende vergesse und mich ganz meinen Träumen hingebe! Ich baue Meter hohe Gedankentürme aus den immer gleichen Bausteinen, reiße sie Stück für Stück wieder ein und sehe zu, wie sie von selbst in sich zusammenstürzen. Ich spinne mich ein in eine Welt, die, solange ich daran weiterspinne, so real wird, so wirklich. Ich erfinde immer neue Figuren, die sich schon bald verselbstständigen, schlüpfe in unterschiedliche Rollen, entwickle das Fragment zu einem Märchen, einem Roman, einer Tragödie, lache mit meinen selbst erschaffenen Helden oder weine mit ihnen echte Tränen wie aus eisblauen Perlen.

Ich träume von magischen Kräften, die sich plötzlich in mir entfalten: Ja, ich werde etwas Großes vollbringen - sagen wir mal, ich werde eine berühmte Schauspielerin, werde auf der Bühne stehen, und die Menschen werden mich bewundern. Oder ich werde Wissenschaftlerin und eine epochale Erfindung machen. Ich könnte auch versuchen, als Malerin berühmt zu werden und die Leute würden sagen: Sieh da, die kleine Eva! Wer hätte das gedacht. Das wäre' doch 'ne feine Sache, oder nicht?

                                        Weiße Wolke schwimmt
                                        im Blau des Himmels

Und der Himmel ist grenzenlos

Ich liebe Flugmaschinen.
In gerader Linie
stoßen sie zum Himmel hinauf.
Ich fliege mit ihnen in die Höhe
und höre,
wie sie die Mauern meines
Gefängnisses durchbrechen:
mein eigenes Leben offen legen,
das von Millionen anderer Leben
umschlossen ist,
von denen ich nichts weiß.

Die Wohnblöcke verschwinden,
ebenso wie die Straßen.
Ich überfliege alle Umzäunungen
schwerelos.
Über meinem Kopf entfaltet sich
der unendliche Raum,
unter mir erstrecken sich
weiße Wolkenlandschaften,
die mich blenden
und nicht wirklich existieren.

Ich bin anderswo,
nirgendwo, irgendwo,
bin hier und überall.
Und der Himmel,
er ist so grenzenlos,
so unermesslich grenzenlos.

Träume den Traum
deines Lebens

Eine Reise zum Meer

Tante Luise hatte mich eingeladen, meine Schulferien gemeinsam mit ihr auf der Insel Rügen zu verbringen. Ich war rein aus dem Häuschen. Einmal das Meer sehen! Konnte ich mir was Besseres vorstellen? Weil jedoch meine Tante bereits seit einer Woche auf Rügen weilte, blieb mir nur die Möglichkeit, allein hinterher zu reisen. „Kein Problem", meinte die Mama, "schließlich bist du schon zwölf Jahre alt." Also setzte Mama mich kurz entschlossen in einen D-Zug, der bis Berlin durchfuhr. „Am Bahnhof Zoo in Berlin musst du umsteigen nach Rügen. Dort wird Tante Luise auf dich warten."

Es war noch dämmerig, als Mama mich zum Bahnhof brachte. Wir durchquerten die Sperre und erreichten das Gleis, wo der Zug bereits eingetroffen war. „Achtung, Achtung!" dröhnte es aus dem Lautsprecher, „zum Schnellzug nach Berlin bitte einsteigen und die Türen schließen."

Kaum war ich eingestiegen, setzte die Lokomotive sich schon in Bewegung. Abschiedsschmerz, Sehnsucht und Reisefieber lagen in der Luft. Der Zug schien eine besondere Aura auszustrahlen. In vielen Windungen fuhr er durch das Ruhrgebiet, durchquerte die sanfte Landschaft des Münsterlandes, zog vorbei an den Hügeln des Wiehengebirges, um dann Kurs zu nehmen auf Berlin. Manche Fahrgäste starrten emotionslos aus dem Fenster, an ihnen schien die Welt draußen unbemerkt vorbei zu rauschen. Ich aber hielt gespannt Ausschau nach meinem Zielbahnhof. Da! Berlin Bahnhof Zoo! Die große Halle war aufgebläht vom Dröhnen, Fauchen und Kreischen der ankommenden und abfahrenden Züge und von dem tausendfältigen Lärm des Tagesbetriebes. Lautsprecher spieen Worte aus, Elektrokarren surrten, Gepäckträger schrien herum, und das bullernde Stoßen von Waggons, die aneinander gekoppelt wurden, war erschreckend.

Etwas verloren stand ich auf dem Bahnsteig, atmete tief die Berliner Luft ein. Ich ließ mich vom Strom der Reisenden treiben. Meine Augen blickten suchend umher. Eine blasse Sonne warf schmutzig gelbe Bahnen durch das Glasdach. Und wo war mein Anschlusszug? Ich musste nun selbst sehen, wie ich weiter kam. Am Ende des Bahnsteigs entdeckte ich einen Bahnbeamten. Mein Köfferchen in der einen, die Fahrkartenmappe in der anderen Hand, ging ich tapfer auf ihn zu.

„Von welchem Bahnsteig fährt der Zug nach Rügen?"
„Nach Rügen? Von Bahnsteig 11. Aber da hast du noch eine Stunde Zeit." Also gut, eine Stunde! Doch was fängt man damit an? Kann man sich darin ein Stück von Berlin aneignen?

Dieses Berlin! Ein überwältigender Eindruck, das kann man schon sagen! Viel zu viele Leute! In dichten Scharen zogen sie von Geschäft zu Geschäft. Ihre Stimmen schwirrten hoch über dem Straßenlärm. Ach dieses Berlin! Es war mir einfach zu verwirrend! Und natürlich war die Zeit auch viel zu kurz, um diese Stadt wirklich kennen zu lernen. Sicher, hier am Bahnhof Zoo – im Herzen der Großstadt - mündeten viele Adern ein. Doch der Strom des Lebens blieb dort nicht stehen. Man konnte ihn nicht festhalten. Er floss in alle Richtungen fort. Eilig hastete ich zum Bahnhof zurück, bevor mich das Labyrinth der Straßen verschlingen konnte.

So ein Bahnhof hat immer etwas Geheimnisvolles. Dieses Kommen und Gehen von Menschen, dieses Ankommen und Abfahren! Ich stieß die Entgegenkommenden zur Seite, hetzte atemlos zum Bahnsteig 11, wo der Zug nach Rügen gerade einlief. Ich musste warten, bis einige Passagiere ausgestiegen waren. Dann drängten die Nächsten hinein - lachend, schimpfend, ungeduldig. Die Züge schienen die Menschen zu fressen und wieder auszuspucken und dann fortzufahren, um anderen Zügen Platz zu machen. Der Reihe nach wurden die Waggontüren zugeschlagen. Ich hatte mir ein halbleeres Abteil ausgesucht und beugte mich tief aus dem Fenster. Die Lokomotive pfiff, und die Räder setzten sich langsam in Bewegung. Hände wurden auseinander gerissen, Taschentücher schwirrten in der Luft, und der Zug fuhr schneller, immer schneller.

Alleen aus Linden führten durch das Land wie mit dem Lineal gezogen. In der Ferne aber kamen die Bäume ins Torkeln – da waren Kopfweiden, die eigensinnig ins Schiefe wuchsen, mal nach außen, mal nach innen. Wie besoffen wirkten sie und brachten mich zum Lachen. Nun brauste der Zug der See entgegen, dann den Küstensaum hinauf Richtung Osten, hinein in die Abendröte. Die sinkende Sonne lackierte die Erde: Lodengrün die Wälder, Backsteinrot die Dörfer und Zuckerweiß die lang gestreckten Sandstrände. Dann begannen die Boddengewässer. Wild und frivol verschlangen sich hier Wasser und Land – eine Symbiose von Fest und Fließend.

Erschöpft von der langen Reise, lehnte ich mich in meinem Sitz zurück und döste vor mich hin. Plötzlich hielt der Zug mit einem harten Ruck. Aufgescheucht stellte ich

fest, dass ich bereits in Bergen war, meiner Endstation auf Rügen. Hier wollte meine Tante mich in Empfang nehmen. Viele Menschen sah ich auf dem Bahnsteig herum wuseln, doch von Tante Luises hagerer Gestalt keine Spur. Was nun?
„Wie komme ich nach Baabe?" fragte ich einen mürrisch dreinblickenden Schaffner.
„Also, da nimmst du den nächsten Zug nach Sellin, von da aus fährste dann mit der Kleinbahn nach Baabe. Alles klar?"
Na ja, alles klar soweit! Doch welche Aussichten! Noch einmal umsteigen, und das mutterseelenallein! Aber keine Bange! Irgendwo wird Tante Luise schon auftauchen. Und richtig! Als ich in Sellin den Zug verließ, stolperte sie mir mit flatterndem Seidenschal entgegen.

„Da bist du ja endlich! Es tut mir Leid, dass ich dich nicht schon in Bergen abholen konnte. Ich kriegte einfach keine Verbindung um diese Zeit. Aber nun komm, wir müssen uns beeilen, damit wir noch den *Rasenden Roland* erwischen."
„Den ... was?"

„Ach, das ist eine historische Schmalspurbahn, die von einer alten Dampflok gezogen wird. Na, du wirst schon sehen, wie schnell mit diesem Zug die Post abgeht", lachte Tante Luise, „also avanti!"

Neugierig blickte ich in die Richtung, aus der diese seltsame Bahn kommen sollte. Da donnerte sie auch schon fauchend und qualmend heran, rollte auf riesigen Rädern über die schmalen Gleise und heulte wild auf, bevor sie mit einem Ruck vor uns stehen blieb. Es dauerte nicht lange, und die Bimmelbahn hatte ihre Gäste verschluckt. Zahnräder kreischten, verborgene Ventile stießen

Dampfwolken gegen den Himmel und schnaubend setzte sich das schwarze Ungetüm in Gang. Als der Heizer neue Kohle in das Schürloch warf, hüllte der Schornstein der Lokomotive die Waggons in Rauch und Wasserdampf. Die Passagiere störte es nicht, sie drängten sich an die Fenster, um die im Schneckentempo vorüber ziehende Landschaft zu bewundern.

Da ging es vorbei an Feldern mit leuchtenden Mohnblumen und vorbei an einzelnen Kiefern, die vom steten Wind landeinwärts gebogen waren. Bald rumpelte der Zug die Küste entlang, und überall atmete das Meer zwischen blühenden Weiden, auf denen Schafe grasten. Weite Strände unter steilen Hängen, Angler mit karierten Hemden in schäumender Gischt, daneben einsame Spaziergänger, ein streunender Hund in der Brandung. Möwen übertönten das Rattern des Zuges. Nur wenige Fischer steuerten die kleinen Häfen an. Blau lackierte Boote standen da in Reih und Glied, Reusen lagen zum Trocken aus. Im Westen erhoben sich hinter Föhrenwäldern Berge, die von grauen Wolken umhüllt waren. Die Lokomotive keuchte, während der Wind vom Meer blies, und bei einer Kurve sah ich kalte Wogen gegen hohe Klippen schlagen. Am Horizont hatte sich ein Stück grün schimmernden Himmels geöffnet, und vor diesem zarten Hintergrund hob sich ein Leuchtturm ab, so dass alle Einzelheiten zu unterscheiden waren. Die ersten Strandhäuser eines Fischerdorfes kamen in Sicht: Baabe! Wir waren am Ziel.

Wenn die Winde
um die Berge singen

Die Bergwanderung

Als wir an einem schönen Sommermorgen in aller Herrgottsfrühe zu unserer lang geplanten Bergwanderung aufbrachen, lag bereits ein Gefühl der Erregung in der Luft. Nur ein kleiner Farbstreifen am Horizont ließ ahnen, dass die Morgendämmerung unmittelbar bevorstand. Unser Ziel war eine Aue in den Bergen, in Sichtweite des Großglockners. Mit der Eisenbahn erreichten wir den Ausgangspunkt unserer Wanderung - ein Dörfchen, dessen Name mir entfallen ist.

Ohne Aufenthalt marschierten wir los. Allmählich durchbrach die Sonne den Morgendunst und verzauberte das Land. Die Felder wurden grüner, die Wälder lichter, am Wegrand leuchteten die Silberdisteln, aus der Tiefe erklang das Lied unsichtbarer Vögel, und vor uns erhoben sich in Wasserfarben gemalte Berge mit Kappen aus Schnee. Wir staunten über die Größe der Welt. Diese Weite schüchterte uns ein. Um uns Mut zu machen, sangen wir: *„Und die Morgenfrühe, das ist unsere Zeit"*.

Die Luft hier war so klar, dass das Atmen wehtat. In Serpentinen wand sich unser Weg durch lichte Kiefernwälder auf knapp tausend Meter Höhe. Dort oben erreichten wir einen See, der wie ein zwischen den Bergen gefangenes Meer wirkte. Bäume tauchten ihre Wurzeln ins kühle Wasser. Es war vollkommen still. Kein Vogel war zu hören. Auch wir wagten nicht mehr, die Stille zu durchbrechen. Grün und blau und purpurn leuchtete die Welt um uns herum. Wie oft habe ich später davon geträumt, noch einmal auf diesem staubigen Weg zu wandern, am Ufer dieses kleinen Bergsees zu rasten, meine Füße in seinem kristallklaren Wasser zu kühlen.

Wir wanderten weiter über einen Fußweg den Berg hinauf, der wie ein Phantom aus der Ebene ragte - ein lang gestreckter Gebirgszug, nebelhaft schimmernd im frühen Sonnenlicht. Weiße Wolken umhüllten den schneebedeckten Gipfel, gaben plötzlich die höchste Spitze frei, ließen sie aufleuchten in 2800 Meter Höhe. Der Nebel schmiegte sich weich an unsere Gesichter. Unter unseren Füßen rollten kleine Steine herab, die wir los getreten hatten. Wir waren schon ein ganzes Stück hochgestiegen, da entdeckten wir unter uns das Tal - halb verdeckt von weißen Wolken. An den Hängen Felder - gelb aufleuchtend im Schein der Morgensonne, das Geschlängel eines Baches, an ihm entlang das Dorf, die Kirchturmspitze im Mittelpunkt und wie hingewürfelt um sie herum die Häuser. In der Ferne bekamen die Berge allmählich Konturen - Zickzacklinien am Horizont. Von der Höhe aus glich die Landschaft in ihrer Starrheit einem Gemälde von Lovis Corinth.

Zu einer kurzen Rast ließen wir uns auf warmen, sonnenglatten Felsbrocken mit ihren Moos bewachsenen Flanken nieder oder lagerten in blau schimmerndem Gras neben einem halb ausgetrockneten Bach, dessen Geröll eine Schramme in den Hügelhang gezeichnet hatte. Eine kleine Briese umspielte uns und wehte ein paar rote Blätter raschelnd vor unsere Füße. Zweimal durchwateten wir einen reißenden Bach, das eisige Wasser bis zu den Knien, so dass wir uns auf den von Strudeln umspülten Steinen kaum auf den Beinen halten konnten. Gegen Mittag erreichten wir verschwitzt eine Berghütte, wo wir frische Getränke bekamen und dazu unsere mitgebrachten Stullen essen konnten.

Weiter führte unser Weg, schlängelte sich durch ein idyllisches Alpental mit seinen Bauernhäusern und Heustadeln bis hinauf in jene Zone, wo ein Meer von Alpenrosen die Waldgrenze markierte. Von hier oben bot sich uns eine einmalige Panoramasicht auf eine Alpenlandschaft, so ursprünglich, wie sie bereits vor Hunderten von Jahren gewesen sein muss. Zwischen zwei Bergen öffnete sich der Blick hinab auf grüne, sanft gewellte Almböden. Hier oben gab es kaum noch eine Vegetation, nur da und dort ein paar Büschel, die zwischen den Steinen hervor sprossen oder Moose, die aus den Felsen wie aus dem Nichts zu wachsen schienen, dazwischen Talwannen, von Gletschern aufgeschürft, darüber glitzernder Schnee, silbrig glänzendes Eis. Wir sahen die schroffen Eisklippen vor uns, auf denen die blauen Schatten des Lichts spielten, sahen die gefährlichen Spalten, sahen, wie aus dem Eis plötzlich ein Stück kahler, nackter Felsen ragte. Kein Baum wuchs dort, alles war öde und wüst – eine gewaltige Landschaft, in der nur noch Farben und Wolken, nur noch die Elemente herrschten.

Als wir am späten Abend unser Gasthaus wieder erreicht hatten, waren wir zum Umfallen müde, trotzdem konnten wir nicht einschlafen, zu berauscht waren wir von dem, was wir erlebt hatten. Seit diesem Tag ist mir, als hätte ich auf unserer Wanderung den Himmel entdeckt, ihn berührt mit meinen Händen, meinen Blicken, meinem Herzen, und ich sehne mich danach, den Weg noch einmal zu gehen, um noch einmal dem Himmel so nahe zu sein. Doch ich fürchte, ich werde den Weg nicht mehr wieder finden, nicht noch einmal dort ankommen, wo ich damals war.

Ein Schatten
der das Dunkle umhüllt

Ihr Freund – der Baum

Wenn der Morgen dämmert, sind die grünen Hügel der Stadt so still und die Stille ist so beängstigend, dass die junge Frau sich nicht wehrte und sich seiner sanften Umarmung hingab. Sie lehnte sich mit dem Rücken an den Stamm des blühenden Kastanienbaums und schaute nach oben. Sie sah das von der Morgensonne durchtränkte Grün und hörte in der Ferne das Summen der Stadt, so sanft, so süß, als erklängen tausend Geigen.

Sie umarmte den Baum, als wäre er nicht ein Baum, sondern ihr Vater, den sie verloren, ihr Großvater, den sie nie gekannt hatte, irgendein alter Mann, der aus den fernsten Tiefen der Zeit gekommen war, um ihr sein Gesicht in Form einer rauen Baumrinde zuzuwenden.

Die Luft war klar. Die Zweige des Baumes blieben im leichten Wind unbewegt. Sie erinnerte sich an die leidenschaftlichen Augenblicke der vergangenen Nacht. Sie wusste, es war die letzte Nacht, die sie gemeinsam mit ihrem Geliebten verbracht hatte. Der Abschied war unausweichlich gewesen. Von nun an blieb ihr nur noch die Erinnerung.

Es war der Baum, zu dem sie von nun an flüchten würde in einsamen Stunden, der Baum, den sie umarmen konnte, der Baum, der ihren Kummer verstand, dessen raue Rinde all ihre Sehnsüchte in sich aufnahm, und der sie im Frühjahr aufs Neue mit seinen leuchtenden Blütenkerzen beglückten würde, im Sommer mit seinen markanten Blättern, im Herbst mit seinen glänzend braunen Kastanien, im Winter mit seinen schneebedeckten Zweigen und mit seinem Versprechen auf einen nächsten Frühling auch im darauf folgenden Jahr.

Deine Kindheit
Sie ist noch nicht vorbei

Das alte Haus

Eine geschäftliche Angelegenheit hatte sie mal wieder in ihre alte Heimatstadt verschlagen. Als sie sich dabei in die Region verirrte, in der sie früher gelebt hatte, kam ihr plötzlich die Vergangenheit entgegen, und die Erinnerung an die dort verbrachte Zeit zog sie unwiderstehlich zu ihrem Elternhaus zurück. In diesem Stadtviertel hatte sich jedoch so vieles verändert, dass ihr die Orientierung zunächst schwer fiel. Erst nach einigem Herumkurven fand sie ihre alte Straße wieder. Auf einem Parkplatz gleich an der Ecke ließ sie ihren Wagen stehen und ging von dort zu Fuß weiter.

Hier aber, in dieser fast vergessenen Seitenstraße, gab es jede Menge Veränderungen. Hier erkannte sie kaum den Hintergrund, vor dem sich die Jahre ihrer Kindheit abgespult hatten. Die alten Läden, in denen man früher anschreiben lassen konnte, sie gab es schon lange nicht mehr, nur die verhängten Schaufenster kündeten weiterhin von ihrer früheren Existenz. Neue Lokale waren nicht entstanden, man kaufte jetzt im Supermarkt an der Hauptstraße ein. Und so schien es, als wäre diese Straße in einen Dornröschenschlaf gefallen. Noch immer standen die Häuser eng aneinander gedrängt und ließen kaum das Sonnenlicht ein. Und wie früher lehnte auch heute hier und da eine Hausfrau behäbig im Fenster, um mit Hingabe das Geschehen auf der Straße zu beobachten, so als gäbe es dort etwas Besonderes zu entdecken.

Stück für Stück suchte die Besucherin derweil ihre Kindheit zusammen, schritt sie weiter auf dem Weg in die Vergangenheit. Gleich müsste doch ihr Elternhaus auftauchen. Wird es immer noch so aussehen wie früher? Im Mittelpunkt der Straße gelegen, hatte es sich mit seiner leuchtend gelben Fassade stets so wohltuend von den Ruß geschwängerten Backsteinbauten der Nachbarschaft abgehoben.

Unsicher sah die Frau sich um, doch kein strahlendes Gelb leuchtete ihr entgegen. Ein Mann öffnete sein Fenster und sprach sie an. „Suchen Sie jemanden?" fragte er freundlich. „Ach", sagte die Frau, „eigentlich bin ich nur auf der Suche nach meiner verlorenen Kindheit. Hier habe ich früher im Haus Nr. 31 mit meiner Familie gewohnt."

„Schauen Sie doch mal, dieses ist ja das Haus Nr. 31", sagte der Mann. „Haben Sie es nicht wieder erkannt?" Unsicher sah die Frau sich um. Was war nur aus ihrem Elternhaus geworden? Der ursprünglich helle Farbton war zu einem schmutzigen Grau verblichen, die Fensterelemente zu einem Zerrbild verkommen. Großflächig blätterte der Putz vor sich hin. Die hässlichen Narben verliehen dem Gebäude ein morbides Aussehen.

„Da haben Sie ja Glück gehabt, dass Sie ihr altes Haus noch mal sehen können", sagte der Mann, „denn in Kürze soll es abgerissen werden. Die Stadt will an dieser Stelle einen Durchgang zur Parallelstraße bauen."

Mit Bestürzung nahm die Besucherin diese Botschaft auf. Ihr Elternhaus würde es bald nicht mehr geben? Damit musste sie erst einmal fertig werden.

Jahre später führte ihr Weg sie wieder einmal in das alte Stadtviertel. Was aber hatte sich seit ihrem letzten Besuch alles verändert! Die einstige graue Straße sah sie nun mit fremden Augen an. Die Gehsteige waren neu gepflastert, die alten Laternen durch moderne Leuchten ersetzt und die Fahrbahn mit Blumenkübeln zum Slalomweg umgewandelt worden. Dicht gedrängt wie eh standen die alten Backsteinbauten entlang der Straße und schwiegen verstockt. Sie wirkten kalt und unzugänglich. Zwar trugen einige jetzt an Stelle des Grauschleiers frische Farben, doch man ahnte, dass hinter den Fassaden noch tiefe Schatten lagen.

Diesmal hing auch keine Hausfrau im Fenster, um den Eindringling zu beobachten, und die einst mit Leben erfüllten Hinterhöfe und Gassen waren - dem neuen Trend entsprechend - durch hohe Zäune gegen die Nachbarn abgeschottet.

Wie ausgestorben wirkte die Straße; kein Kinderlachen, kein Stimmengewirr war zu hören. Irritiert ging die Frau weiter zu dem Grundstück, auf dem früher ihr Elternhaus gestanden hatte. Das Haus aber existierte nicht mehr, war dem Erdboden gleichgemacht! An seiner Stelle befand sich nun der Durchgang zur Parallelstraße - getarnt als Minigrünanlage mit mageren Büschen, deren Zweige sich hilflos über einer einsamen Bank ausbreiteten. Das armselige Grün jedoch konnte die Lebendigkeit spielender Kinder nicht ersetzen.

Von leiser Trauer erfüllt, betrachtete die Frau die ungewohnte Szenerie; hier gab es nichts mehr, was ihre frühen Jahre wieder aufleben ließ. Einige Augenblicke verharrte sie regungslos - so, als wolle sie für immer Abschied nehmen von der ihr nun fremd gewordenen Stätte, in der sie vor langen Jahren ihre Kinderträume zur Ruhe gebettet hatte. Sie ahnte, ihre vertraute Welt war dem Untergang geweiht. Sie gehörte nun zur alten Legende des Ruhrpotts wie die Zechenschlote, die nicht mehr qualmen, wie die Fördertürme, die sich nicht mehr drehen.

Allmählich aber löste sich die Frau aus ihrer Erstarrung. Mit Trauer kommt man nicht weiter, dachte sie. Die Zeiten haben sich eben geändert. Wir Menschen ändern uns ja auch. Und wer weiß, vielleicht gefällt den derzeitigen Bewohnern dieser Straße der jetzige Zustand besser als der alte. Wie fragil sind doch die Fundamente der eigenen Zufriedenheit! Wo ist die Großartigkeit meiner Kindheit geblieben? Man macht Ausflüge in seine früheren Jahre, in denen man sich so viel vorgenommen und in die späteren Jahre, in denen man so vieles unterlassen hat. Aus! Vorbei!

Plötzlich wurde im Haus nebenan ein Fensterladen aufgestoßen, und aus dem Dunkel des Raumes erschien das Gesicht einer ehemaligen Nachbarin. Da schau her, dachte die Frau, nicht einmal die große Veränderung ihrer Umwelt hat die Alte von ihrem gewohnten Lebensstil abbringen können. Sie hängt da in ihrem Fenster wie eine Statue, an der der Strom des Lebens in der Straße unter ihr achtlos vorüber zieht. Oder doch nicht so achtlos? Könnte es nicht sein, dass die Alte aus ihrer Vogelperspektive das Treiben in der engen Gasse nur anders wahrgenommen hat, als ich es damals von meinem kindlichen Blickwinkel heraus vermochte? Ich sollte sie einmal aufsuchen, mit ihr reden, ihr zuhören, aufschreiben, was sie noch weiß von den vergangenen Zeiten, bevor alles in Vergessenheit gerät. Vielleicht fügen sich danach ihre Erinnerungen mit meinen zu einem neuen Mosaik zusammen und lassen die Geschichte dieser kleinen Straße in einem anderen Licht erscheinen, denn nichts geht verloren, nichts hat ein Ende!

Grenzerfahrungen

> Ich bin der Schatten
> der sich in der Weite verliert

Eine schicksalhafte Begegnung

Er sah sie in ihrem Trenchcoat, der heller war als ihr Gesicht, dicht vor sich. Ihre dunklen Haare rannen still auf ihre Schultern herab. Sie stand in einer Entfernung von ihm, in der er ihr Gesicht noch als eine Einheit wahrnehmen konnte, eine zarte Komposition aus Augen, Nase, Mund und Wangenknochen - alles so weich und unerfahren - und er hörte sie leise fragen: Werden Sie mich heute Nacht über die Grenze bringen?

Sie standen sich gegenüber, sehr nah, und er dachte, es wäre jetzt leicht, meine Arme um sie zu legen. Vielleicht erwartet sie ja, dass ein Mann erst dann bereit ist, jemanden zu schützen, wenn er liebt. Doch er wollte in seinen Entscheidungen frei bleiben, deshalb nickte er nur und sagte: Heute Abend am kleinen Weg, der zum Wäldchen führt.

Zu beiden Seiten des Hohlwegs, der als Treffpunkt vereinbart war, wuchsen Hecken, die den Wind abhielten. Es war fast warm in der umlaubten Gasse aus Windstille. Bin ich jemals schon in einer Nacht allein über Land gegangen? dachte das Mädchen, als sie auf den Mann wartete, der ihr fremd war und rätselhaft, und der doch über ihr Schicksal mit entscheiden würde.

Er sah sie vor sich in der Dämmerung, ging ihr langsam entgegen. In ein bis zwei Stunden, dachte er, wird dieses Gesicht verweht sein, die schwarzen Haare und der geschwungene Mund, verweht in der Unendlichkeit der Zeit.

Inzwischen war der Mond untergegangen. Nur der Leuchtturm spendete noch ein wenig Licht in einer Nacht, in der kaum mehr zu erkennen waren als die verschwommenen Grenzen von Wasser, Erde und Himmel und dazwischen zwei bewegte Körper, getrennt ringsum von tiefschwarzer Dunkelheit.

Ein kalter Wind blies, während sie sich auf den verschwiegenen Weg machten, und er sah, wie das Mädchen zitterte. Er legte ihr seine Jacke um die Schultern. Zum zweiten Mal in dieser Nacht hatte er ihr Gesicht sehr nahe vor seinen Augen. Es war ein frierendes, bleiches Gesicht geworden, ein unsicheres Gesicht, in dem die Jugend sich wie ein im Traum gestörter Vogel regte, scheu und geisterhaft. Und er fühlte die Verantwortung, die auf ihm lastete, dieses Mädchen sicher über die Grenze zu bringen.

> Worte wissen nicht
> was Leben ist.

Das Tagebuch

Das Buch, in rotem Samt gebunden, war lange Zeit verschollen gewesen. Erst jetzt - Jahre nach ihrem Tod - tauchte es plötzlich auf rätselhafte Weise wieder auf, verschlossen mit einer blauen Seidenschleife und versehen mit einem gelben Wachssiegel. Welche Mysterien, welche Bekenntnisse verbargen sich in diesem Buch?

Ich wusste, sie hatte ein Tagebuch geführt, hatte ihm ihre geheimsten Gedanken anvertraut, ihre Sehnsüchte, ihre Ängste, ihre Zweifel, ihre Enttäuschungen. Das ganze Auf-und-Ab ihrer Gefühlswelt sollte sich darin widerspiegeln. Dieses seltsame Buch, es ist alles, was von ihr geblieben ist.

Will ich wirklich noch wissen, welche Botschaften, welche Wahrheiten dieses Tagebuch enthält? Hat sie mich vielleicht doch ehrlich geliebt, oder hat sie mich wirklich mit meinem besten Freund betrogen, wie ich es damals befürchten musste? Aber habe ich ein Recht darauf, diese Geheimnisse nach so vielen Jahren noch zu lüften, ohne von ihr dazu berechtigt worden zu sein?

Lange schaue ich auf den verschlossenen Einband. Die Kerzen im Raum sind fast erloschen, auch das Feuer im Kamin ist weitgehend niedergebrannt. Meine Hand zittert, zögert. Dann, mit einer langsamen Bewegung greife ich nach dem schmalen Bändchen und werfe es in die Glut. Die beginnt dunkel aufzulodern, nimmt das Opfer entgegen, saugt das Material des Buches ein, lässt kleine Flammen aus der Asche aufleuchten. Reglos schaue ich zu, wie das Feuer plötzlich immer stärker auflodert, lebendig wird, wie es zu flimmern beginnt. Die Flamme schießt hoch hinauf, der Siegellack ist schon geschmolzen, der rote Samt brennt mit bitterem Rauch. Die elfenbeinfarbenen Seiten werden wie von unsichtbarer Hand geblättert.

Plötzlich scheint zwischen den Flammen ihre Handschrift auf, diese spitzen Buchstaben, die eine inzwischen zerfallene Hand ehemals zu Papier gebracht hat. Das Tagebuch, es wird zu Asche, der Person gleich, die einst darin geschrieben hat. Nur eine schwarze Staubwolke bleibt zurück - seidig wie ein Trauerflor.

Minutenlang starre ich auf diese schwarz-seidenen Überbleibsel, dann drehe ich mich um und verlasse ohne Gefühlswallung den Raum.

Liebe ist eine Grenzerfahrung

Jenseits des Eisernen Vorhangs

Da geht er neben ihr her, geht ständig im gleichen Schritt, bleibt nicht einmal stehen, blickt stur geradeaus, sieht nicht die alten Häuser dieser Gassen, die sie mit ihren trüben Fensteraugen anblinzeln und so stumm sind wie dieser Mann, der neben ihr herläuft, ohne ein Wort zu sagen. Dabei spürt sie seine Gegenwart so nah. Sie möchte nach seinen Händen greifen, sie dann nicht mehr loslassen, Hand in Hand mit ihm weitergehen durch diese Gassen, die kein Ende nehmen, kein Ende nehmen sollen, die so dunkel sind, so heimelig, nur hier und da durch eine trübe Laterne blass erhellt.

Die sanfte Dämmerung hüllt sie ein wie ein warmer Pelz, unter dem sie sich geborgen fühlt, so als wäre sie mit ihm ganz allein in dieser Riesenstadt jenseits des Eisernen Vorhangs. Doch sie sind schon seit einer Stunde beisammen, und er, er sieht sie nicht an, berührt sie nicht, spricht nicht einmal mit ihr. Dabei kann er sprechen, sogar Deutsch kann er sprechen, so gut, als hätte er früher jahrelang in Deutschland gelebt und nicht in der Tschechoslowakei, in denen die Menschen jenseits ihrer Grenzen nur böse Kapitalisten wittern.

Am Vortag, ja, da war er durchaus gesprächig gewesen, als er sie mit ihrer westdeutschen Gruppe zu einem nur Eingeweihten bekannten Jazzkeller geführt hatte. Und als er sie beim Abschied fragte, ob sie mit ihm am nächsten Tag einen Stadtbummel machen wolle, da hat sie erfreut zugesagt. Nun also zieht sie mit ihm scheinbar ziellos durch die Prager Altstadt und immer noch sagt er kein Wort. Doch dann biegen sie in eine seltsam gewundene Gasse ein, und da berühren sich unvermittelt ihre Hände. Schon spürt sie nicht mehr die Abendkühle, die sie zuvor frösteln ließ. Ihre Handflächen pressen sich nun eng aneinander. So gehen sie weiter, still, ohne zu reden.

Diese Stille der nicht gesagten Worte! Gleich werden wir das lauschige Altstadtviertel hinter uns haben, denkt sie, die Lichter der Karlsbrücke leuchten bereits vor uns auf. Warum nur nimmt er mich nicht in seine Arme?

Schon haben sie die Brücke erreicht und befinden sich mitten im Lichtkegel der Laternen, die das Brückengeländer flankieren. Da endlich bleibt er stehen, sieht sie an, legt seinen Arm um sie, presst sie an sich. Sie schaut zu ihm auf, beugt den Kopf zurück, sucht seinen Mund. Ihre Haut ist kalt, ihre Lippen von der Luft überfroren. Durch seinen Mantel hindurch spürt sie das Pochen seines Herzens. Ein Fremder kommt auf sie zu, redet aufgeregt auf ihren Gefährten ein, er aber hält sie - während er dem Mann ruhig antwortet – weiterhin eng umschlungen.

„Was wollte dieser Mann von dir" fragt sie, nachdem sich der Unbekannte entfernt hat.

„Ach, es ist nicht üblich in unserem Land, sich in der Öffentlichkeit zu küssen", sagt er. „Komm, lass uns weitergehen, sonst bekommen wir noch Ärger."

Schweigend überqueren sie nun die Karlsbrücke. Schweigend gehen sie nebeneinander her, bis sie am Rande der Stadt einen einsam gelegenen Friedhof erreichen. Wortlos führt er sie durch das offen stehende rostige Eisentor. Sanft wiegen sich Zypressen im Wind. Die Stille macht den Friedhof in der sonst so unruhigen Stadt zu einer Oase. Ein unvergleichlicher Frieden geht von ihm aus.

Da, eine schwarze Katze läuft ihnen über den Weg und verschwindet dann spurlos im Schatten der Bäume. Früher, denkt sie, ja früher, da sollen auf den Friedhöfen nachts die Hexen getanzt haben. Ganz seltsam wird ihr bei diesen Gedanken zumute, und sie fühlt sich diesen fernen Wesen unerwartet nahe. Haben wir eine verbotene Tür zu einem magischen Ort geöffnet? fragt sie sich im Geheimen.

Plötzlich tut sich in der längs des Friedhofs verlaufenden Mauer eine Nische vor ihnen auf. Sanft zieht er sie hinein, beugt sich über sie, spricht in ihr zerwühltes Haar. Seine Worte versinken darin, vergehen in ihrem Atem, im Dröhnen ihres Herzens. Sie spürt, wie sein Mund sie sucht, sie tastend erkundet. Nun fühlt sie nicht mehr die kalte Friedhofsmauer in ihrem Rücken, fühlt nur noch den wirbelnden Rhythmus ihres Blutes und gibt sich willig der Liebe hin, der Liebe, der Liebe, der Liebe.

Worte – nichts als Worte

Und Schweigen ist Gold

Es begann zu regnen. Winzige Tropfen überzogen den Asphalt mit flirrender Nässe. Unzählige Spritzer zerstoben auf dem grauen Belag der Straße. Die Tropfen fielen auf seinen Trenchcoat. Er spürte ihren leichten Aufschlag auf seiner Schulter. Sollte er ein Taxi nehmen? Nein, er wollte allein sein, seine Gedanken ordnen. Also lief er durch die Nacht. Doch wohin? Für ihn gab es keine Alternative; wohin er auch ging, er würde immer vorwärts gehen, egal also, welchen Weg er nahm, ob zur Stadt oder zum Fluss.

Als er die Brücke erreichte, beugte er sich über das Geländer, sah hinunter in die Tiefe. Auf dem Fluss trieb dicht gedrängt das letzte Eis. An einzelnen Stellen wirkte der Fluss ganz weiß, wie zugefroren. Die Eisschollen bewegten sich gegen die Brückenpfeiler und barsten sanft, die eckigen Bruchstücke verschwanden trudelnd in der Brückenöffnung.

Dem einsamen Wanderer kam es vor, als ob die Eisschollen an ihrem Platz blieben und die Brücke sich bewege. Nur mit Mühe konnte er sich von dem Geländer losreißen und seinen Weg fortsetzen. Er fühlte sich plötzlich alt und erschöpft. Wahrscheinlich war der Regen schuld. Oder war es das Gefühl der Verantwortung, das ihn drückte? Er musste eine Entscheidung treffen, konnte sie nicht länger hinausschieben.

Schon lange hatte er gespürt, dass in seiner Firma nicht alles rechtens war, hatte geahnt, dass verbotene Geschäfte getätigt wurden. Doch er hatte versucht, die Augen davor zu verschließen. Nur nicht genau hinsehen! Nur nicht provozieren! Schließlich wollte er ja Karriere machen. Und er hatte bereits Karriere gemacht, war ziemlich oben angelangt. Nun könnte er doch riskieren, seinen Mund aufzumachen, zumal er inzwischen Beweise dafür hatte, dass einige Leute seiner Firma verbotene Materialien in den Nahen Osten transferierten. War er nicht geradezu verpflichtet, diesen Skandal aufzudecken? Klar, aber das würde Ärger geben; er müsste ja einflussreichen Kollegen auf die Füße treten. Und wie stand es dann mit seiner Chance, noch weiter in der Hierarchie seines Werkes aufzusteigen?

In einer Regenpfütze nahe einer Laterne spiegelten sich leicht verzerrt seine massige Gestalt und sein aufgedunsenes Gesicht. „Mein Gott", dachte er, „wie schnell bin ich doch alt geworden."

Ihn überfiel plötzlich die Angst, wirklich schon ein alter Mann zu sein. Vor seinem inneren Auge tauchte das Gesicht eines jungen Menschen auf, der gerade sein Studium beendet hatte und voll Idealismus in die Zukunft schaute. „Was ist nur aus dir geworden?" schien dieses Bild ihm zuzurufen. "Du hattest versprochen, du selbst zu bleiben - aufrecht, kritisch, wagemutig. Doch wann immer es um Entscheidungen ging, hast du die eigene Meinung verdrängt und nur das von dir gegeben, was deiner Karriere förderlich schien. Immerhin, jetzt bist du wer! Jetzt ist es an der Zeit, dass du endlich deine Meinung sagst! Wenn nicht jetzt, wann dann?"

Der aufkommende Nebel verwischte das Gesicht des jungen Mannes. Es verschwamm im Dunkeln der Nacht, zusammen mit dem, was vergangen war. Das einzige, was blieb, war ein Gefühl der Leere. Ihn fröstelte.

Nein, dachte er, nein! Sollen doch andere die Wahrheit verkünden und sich die Finger daran verbrennen! Ich werde schweigen. Heißt es denn nicht „Reden ist Silber und Schweigen ist Gold"?

Es sterben die Töne im Wind

Das Erdbeben

Sie arbeiteten schon lange in diesem Haus, das wie ein Fremdkörper wirkte in jener Gegend zwischen all den kleinen Häusern und Hütten, in denen viele Bewohner keine Arbeit hatten, nicht so privilegiert waren wie sie, die zu den Auserkorenen zählten, die hier arbeiten durften in einem jener Büros dieses Hauses zwischen weiß gestrichenen Betonwänden, an Schreibtischen, die vollgepfropft waren mit Computern, deren Bildschirme vor ihren Augen flimmernd immer neue Zahlen, Buchstaben, Worte ausspuckten in immer schnelleren Geschwindigkeiten, die ihnen keine Zeit ließen für einen Blick zum Nachbarn am Nebentisch, für ein persönliches Gespräch mit ihm. So lebten sie alle nebeneinander her und funktionierten zur Zufriedenheit des Arbeitgebers - einer anonymen Größe im Hintergrund, die sie in dieses Hamsterrad gespannt hatte und ihnen kaum Luft zum Atmen ließ.

An diesem Tag aber war etwas anders als sonst. Die Luft schien zu vibrieren, der Himmel, der durch schmale Fenster zu ihnen hereinblickte, wirkte seltsam grau, schien eine Tarnfarbe angelegt und einen Schleier vor sein Gesicht gezogen zu haben, so als wolle er nicht sehen, was in den nächsten Minuten geschehen wird.

Sie waren allein zurück geblieben, der Mann und die Frau, die seit Jahren schon Tisch an Tisch nebeneinander arbeiteten und trotzdem kaum etwas voneinander wussten. Das übrige Personal hatte bereits kurz zuvor den Dienst beendet und die Büroräume eilig wie immer verlassen, als plötzlich die Wände des Hauses anfingen, lebendig zu werden, sich vor und zurück zu wiegen, leise zu beben. Auch der Fußboden tanzte mit in diesem seltsamen Rhythmus, den eine unbekannte Kraft über ihn ausübte, ihn hob und fallen ließ und dabei die Schreibtische samt ihren Computern wie gewichtslose Kinderspielzeuge durch den Raum katapultierte.

Irgendwie hatten der Mann und die Frau es noch geschafft, sich in dem schmalen Flur zu verschanzen, der ihren Büroraum vom Nachbarraum trennte und irgendwo ins Freie führen musste. Unfähig, einen klaren Gedanken zu fassen, hockten sie dort, Hände und Füße gegen die eine, den Rücken gegen die andere Wand gestemmt. So verharrten sie in geringem Anstand voneinander in diesem immer noch brodelnden Hexenkessel.

„Komm näher zu mir", flüsterte der Mann der Frau zu. Und sie rückte näher an ihn heran. Er hätte sie gern in die Arme geschlossen, um ihre Ängste zu vertreiben. In dieser Enge wäre es jedoch kaum möglich gewesen. So lehnte er nur seine Wange gegen die ihre, streifte dann mit seinen Lippen über ihre Haut, ganz zart, wie ein leichter Hauch. Ein warmes Gefühl trat bei ihr auf, vertrieb die Lähmung, ließ sie wieder Leben spüren.

„Lass uns versuchen, hier heraus zu kommen", drängte er nun sanft, „dieses Haus kann jeden Moment einstürzen". Und Hand in Hand zwängten sie sich den schmalen Gang entlang, bis sie das Gebäude verlassen und die Straße erreicht hatten.

Da erst erkannten sie, wie unendlich groß die Schäden waren, die das Erdbeben angerichtet hatte. Überall lagen Trümmer herum, unendlich viele Häuser waren zusammen gestürzt, die Straßendecken metertief aufgerissen! Überall hatten sich Menschenansammlungen gebildet. Viele weinten, riefen die Namen ihrer vermissten Angehörigen oder wirkten wie gelähmt. Andere packten an, versorgten Verwundete, suchen in den Trümmern nach Verschütteten. Auch der Mann und die Frau, hinter denen plötzlich das eben erst verlassene Bürogebäude zusammen brach, halfen, wo sie nur konnten, bis sich das Chaos ein wenig gelichtet hatte. Inzwischen waren auch professionelle Helfer zum Einsatz gekommen, die mit großen Räumgeräten versuchten, die Trümmer zu beseitigen.

Traurig und erschöpft verließen die beiden, der Mann und die Frau, beim Morgengrauen den unwirklichen Ort des Geschehens und machten sich auf den Weg zu ihrem heimatlichen Dorf, das am Rande der Stadt auf einem kleinen Hügel lag und glücklicherweise von der Katastrophe weitgehend verschont geblieben war.

Seit dem Erdbeben aber hatten der Mann und die Frau das Gefühl, von nun an zueinander zu gehören, und mochten nicht mehr voneinander lassen. Nur wenige Stunden jedoch waren es, die sie sich künftig für heimliche Treffen stehlen konnten, denn beide waren bereits gebunden, hatten Partner, die sie nicht verlassen durften, nicht verlassen wollten. Die gemeinsam überlebte Naturkatastrophe aber war stärker als der Treueschwur, den sie in früheren Zeiten ihren jeweiligen Partnern gegeben hatten.

Träume den Traum
deines Lebens

Kay West Impressionen

Kay West – irgendwo zwischen Miami Beach und Florida. Kay West ist ein Land für Dichter und Träumer. Hier hat Hemingway gelebt, auch Tennesse Williams. Kuba ist näher als Miami.

Hier wird jeden Abend der Sonnenuntergang gefeiert wie ein Fest. Sobald die Sonne sinkt, füllen sich die meerumschlungenen Terrassen der Hotels mit Menschen, und überall auf dem Wasser schweben die Pelikane vorbei und beobachten mit ihrem Großonkelblick das Treiben an Land.

Weiße Villen – halb verfallen – lassen noch immer ihre einstige Schönheit erahnen. Zerbrochen Zäune, blätternde Farbe, haushohe Gummibäume am Straßenrand. Der Garnelenfischer mit seinem bunt gewebten Netz erinnert an Hemingways „Alten Mann und das Meer".

Zur Sonnabendgala kommen sie alle: die Gaukler und die Gäste, die Gezeichneten und die „Gays". Da bläst ein Schwarzer die Weise vom „Ol' Man River" auf einer winzigen Trompete, so wie nur ein Schwarzer sie blasen kann.

Oben hängt schon der Mond bereit, der in einem anderen Winkel abstrahlt als in der kalten Heimat. Nein, Kay West ist kein Platz für Allerweltstouristen. Kay West ist ein ganz besonderer, ein faszinierender, ein vibrierender Ort, einer, der dich verschlingt mit Haut und Haar.

In einem anderen Land

Fremd sein und doch nicht fremd

Fröhlich schaukelte der Bus durch die Landschaft, schlängelte sich die Hügel hinauf, gab den Blick frei auf die umliegenden Täler und die bewaldeten Hänge. Als er die Spitze des Berges erklommen hatte, hielt er an und entließ seine Reisegäste auf die Plattform, von der aus sie einen wunderbaren Ausblick auf ein überwältigendes Panorama hatten.

Der Reiseführer, der während Fahrt seine Gäste in englischer Sprache auf die besonderen Sehenswürdigkeiten in der Umgebung aufmerksam gemacht hatte, schwieg nun und gab sich selbst ganz vertieft der Schönheit dieser Landschaft hin.

Eine der Mitreisenden – nicht mehr ganz jung, noch nicht alt, mit lebhaften warmen Augen - tauchte neben dem Reiseleiter auf. Zwischen den beiden, die sich doch vor kurzem noch fremd waren, schien sich eine seltsame Verbindung aufzubauen, eine Verbindung, die nach Nähe suchte, die Nähe fand. Nur wenige Minuten hatte es gebraucht, und sie fühlten sich unwiderstehlich zueinander hingezogen. Ihre Hände fanden sich, ließen sich nicht mehr los, ungeachtet der übrigen Mitreisenden, die mit wohlwollendem Lächeln diese Begegnung beobachteten. Und so mancher von ihnen träumte vielleicht davon, dass auch ihm einmal ein solches Erlebnis widerfahren würde.

> Grauer Vogel der Nacht
> deine Schwingen werfen
> lange Schatten

Geheimkommando

Sie lebte bereits seit einiger Zeit zusammen mit ihrer Patentante in diesem einsamen Haus in den Bergen. Es war ein schönes Haus, idyllisch gelegen an einem Abhang, mit einem hübschen gepflegten Steingarten davor. Die Straße vor ihrem Haus führte an weiteren einzeln stehenden Häusern entlang zu dem kleinen Dörfchen im Tal. Es war ein ruhiges, friedliches Leben, das sie hier führten.

Plötzlich aber brach eine Gruppe Uniformierter in diese Idylle ein. Sie sagten, sie kämen in geheimer Mission und stellten alles auf den Kopf, mischten sich in alles ein, duldeten keinerlei Widerspruch. Die beiden Frauen waren ihnen hilflos ausgeliefert. Sie durften sich nicht aus dem Haus entfernen, mussten mit ansehen, wie die schönen blühende Polster aus ihrem Steingarten gerissen wurden und mussten sich allen Anordnungen der Fremden unterordnen. Ihren Nachbarn, zu denen sie keinen Kontakt halten durften, schien es genauso zu ergehen. Sie sahen ebenso hilflos zu, wie irgendwann große schwere Räumfahrzeuge und Laster sich den Berg hinauf walzten, deren Dröhnen von den Bergwänden widerhallte, und sie wussten nicht, was das alles zu bedeuten hatte.

Auf ihre Fragen bekamen sie nur ausweichende Antworten. Das Geheimnisvolle machte ihnen Angst. Sie konnten sich nicht dagegen wehren. Dann plötzlich hieß es, es habe sich alles nur um eine Übung gehandelt, und für die Schäden, die ihnen entstanden seien, würden sie entschädigt. Und von einem Moment zum anderen wurden ihre Belagerer menschlicher, kamen ihnen näher. Sie hätten auch ihre Ängste, Zweifel, Skrupel gehabt, erklärten sie.

„Waren wir wirklich so schlimm?" fragten sie ihre Opfer.

Was sollten die beiden Frauen darauf antworten? Natürlich waren sie heilfroh, dass nun alles vorbei sein sollte. Die junge Frau aber hatte sich irgendwie eine kleine Wunde am Zeigefinger zugezogen, ein nicht sehr großes, jedoch recht tiefes Loch gleich neben dem Nagel. Man schickte sie damit zur Sanitätsabteilung der Gruppe.

Ein etwas älterer Mann mit weißer Plastikschürze um den leicht vorgewölbten Bauch nahm ein riesiges breites Fleischermesser in die Hand und schaute sich die Blessur skeptisch an. Da bekam die Frau Angst. Damit wollte dieser verkappte Metzger doch wohl nicht ihre Wunde aufschneiden? Sie wich aus und wandte sich einer jungen Helferin zu. Die aber zuckte nur hilflos mit den Schultern. Eine weitere Helferin aber fand ein Pflaster und klebte es ihr vorsichtig auf den Finger.

Währenddessen waren noch andere Patienten die Straße hoch gekommen, die sich mit zum Teil recht tiefen Wunden an Armen und Beinen gottergeben unter das breite Messer legten. Eine junge Krankenschwester jedoch beschwerte sich, dass sie den ganzen Tag über nur blutige Verbände und Bettlaken waschen müsse. Sie würde auch gern mal jemanden operieren mit diesem großen langen Messer.

„Wünsche hat die Kleine", dachte die junge Frau und war froh, dass sie ohne Operation, nur mit einem kleinen Pflaster, davon gekommen war.

> Die Nacht war lang
> geh leg dich schlafen
> mein Kind

Anna klopft an die Himmelspforte

Eine Woche lang bin ich nicht zu Hause weg gewesen. Als ich dann zum Ende der Schulferien vom Besuch bei meiner Patentante heimkehrte, fand ich die ganze Familie in gedrückter Stimmung vor. „Was ist los?" fragte ich verunsichert, „ist was passiert?"
„Ja, unsere Anna ist sehr krank", sagte die Mama, „sie hat eine schwere Lungenentzündung".

Ich lief gleich ins Kinderzimmer. Da lag meine Schwester Anna halb versunken in den Kissen, die man um sie herum aufgebaut hatte. Ihre Augen glänzten fiebrig. Sie hustete, ohne den Mund zu öffnen, wobei sie gequält ihr Gesicht verzog. Ich setzte mich auf die Bettkante und betrachtete sie sorgenvoll. Wie bleich sie ist, dachte ich, so bleich, so schmerzensbleich, und ihre Hände, die sind so weiß, so weiß, wie sie wohl aussehen werden, wenn sie im Sarg liegen wird.

Bei diesem Gedanken erschrak ich, denn nun fiel mir Erika ein, Erika, meine kleine Freundin aus dem Nachbarhaus, die im letzten Sommer an einer Lungenentzündung gestorben war. Wenige Tage zuvor hatten wir noch miteinander gespielt. Und dann, dann war sie mit einem Mal nicht mehr da, waren wir getrennt für immer. Einfach so! Ich wollte Erika wenigstens noch einmal sehen und drängelte mich mit anderen Besuchern in das Trauerhaus.

In der Stube war eine sanfte, goldene Dämmerung, und in ihrer Mitte stand ein weißer Sarg, und darin lag ein stilles, wachsbleiches Mädchen in weißem Hemdchen, mit gefalteten Händen und gescheiteltem Haar. Unter die gefalteten Hände hatte man ihr einen Strauß leuchtender Sommerblumen geschoben. Die dufteten süß und krank durch das Zimmer, und die Züge meiner kleinen Freundin waren so klar und friedlich, dass mir ganz feierlich zu Mute wurde. Ich stand lange da und schaute sie an, und um den Mund der Toten war ein kaum wahrnehmbares Lächeln, und draußen heulte plötzlich ganz jämmerlich ein Hund. Da fuhr mir der Schreck durch alle Glieder, und ich lief schnell aus dem Zimmer und atmete erst wieder auf, als ich den kühlen Abendwind auf meiner Haut spürte.

Am Tag darauf wurde Erika beerdigt. „Man muss Beerdigungen üben", hatte Anna, meine große Schwester damals zu mir gesagt, „und zwar möglichst früh, damit man nachher nicht aus allen Wolken fällt." Ich schüttelte die Erinnerung ab und fasste nach der Hand meiner kranken Schwester.

„Hast du Schmerzen, Anna?" fragte ich leise.
„Nur wenn ich huste", antwortete sie heiser.
„Weißt du, dass Tante Hetty mit mir im Theater war?"

Die Kranke krauste ihre Stirn, als überlege sie, was Theater wohl bedeuten könne. „Erzähl doch mal", bat sie, lehnte sich in die Kissen zurück und sah mich erwartungsvoll an. Und ich erzählte, erzählte von Peterles Fahrt zum Mond in diesem Theater, und wie er das Himmelstor erreichte, das so wunderschön aussah mit seinen funkelnden Edelsteinen, und wie Petrus die Himmelstür nur ein kleines Stück geöffnet hat, Peterle aber draußen vor bleiben musste und nicht hinein durfte in den hell erleuchteten Himmelssaal, weil seine Zeit noch nicht gekommen sei, und wie er wieder zurück musste zur Erde und sich danach in seinem Bettchen wieder fand.

Als ich meine Erzählung beendet hatte, entstieg ein schwerer Seufzer der Brust der Kranken. Doch ehe der Seufzer zu Ende war, verwandelte er sich in Husten, und als der Husten zu Ende war, schloss Anna die Augen und blieb bewegungslos liegen. Ich hätte ihr gern noch mehr erzählt, Anneken jedoch hörte nicht mehr hin - sie war tief und fest eingeschlafen.

In den nächsten Tagen schien es, als wisse meine Schwester nicht recht, ob sie leben oder sterben sollte. Dabei hatte Papa alles versucht, sie wieder auf die Beine zu bringen, alles, was er als Sanitäter im ersten Weltkrieg gelernt hatte – kalte Wadenwickel gegen das Fieber, gekochte Zwiebeln auf der Brust gegen den Husten, heiße Milch mit Honig, um den Schleim zu lösen! Als all das nichts half, ließ er den Doktor kommen. Doch wie schnell war auch der Medizinmann mit seinem Latein am Ende! Traurig nickte er der weiß gewandeten Krankenschwester zu, und die nickte zurück. Auch die andern im Raum nickten daraufhin mit dem Kopf. Die Kranke stöhnte leise. Ihr Gesicht war reines Weiß.

Papa sagte, ich solle mich zu den Geschwistern in die Küche setzen. Ich wusste nicht, was los war, warum alle plötzlich flüsterten. Ich nahm kaum wahr, wie Papa zu Georg sagte: „lauf, hol den Priester, er soll die letzte Ölung erteilen". Ich begriff auch nicht, was es bedeuten sollte, dass Hansi fragte, „muss Anna nun sterben?" und Tante Martha antwortete, „bete für sie, mein Junge, bete, bete!"

Der Geistliche erschien in seiner Soutane mit violetter Stola, begleitet von Ministranten in weißen Hemdchen über scharlachrotem Unterkleid, die mit ihrer Rolle nicht zurechtzukommen schienen. Schwester Thomasita - die Nonne aus dem Kloster am Kindergarten - kniete vor Annas Bett und betete den Rosenkranz. Zwischen den Gebeten war Mamas Schluchzen zu hören. Die rauchenden Weihwassergefäße, die die Knaben in Scharlach durch die Luft schwangen wie vergoldete Blumen, erfüllten das Krankenzimmer mit narkotischem Duft. Engelsgleich lag Anna in ihrem Bett. Nahm sie noch wahr, was um sie herum geschah?

„Oh ja", erzählte Anna später, „ich bekam alles mit, was sich in diesen Minuten ereignete. Ich sah mich quasi von außen, sah mich Blut spuckend im Bett liegen, umringt vom salbungsvoll murmelnden Pastor, den Glöckchen läutenden Messdienern, der betenden Nonne, der weinenden Mama, und ich war sicher, dass ich sterben würde. Plötzlich fühlte ich mich leicht wie eine Feder, spürte, wie ich langsam empor schwebte, höher und höher, bis ich vor einem mit Gold und Juwelen geschmücktem Tor anlangte. Und ich dachte, dieses Tor sieht ja aus wie die Himmelstür aus dem Theater, von der Eva mir erzählt hat, und ich erwartete nun, dass Petrus die Tür öffnen und mich eintreten lassen würde in den hell erleuchteten Himmelssaal. Und ich fühlte mich ganz glücklich dabei. Ich hatte keine Angst! Nein, wirklich nicht.

Doch Petrus erschien nicht, und die Tür blieb verschlossen, und so schwebte ich langsam wieder zur Erde zurück. Und da sah ich, dass Mama immer noch neben meinem Bett kniete, während der Pastor und seine Messdiener gerade Glöckchen bimmelnd das Schlafzimmer verließen.

Und die Totenglocken machten mir keine Angst mehr. Nein, sie machten mir keine Angst mehr, und ich bin sicher, ich werde auch später nie wieder Angst haben vor dem Sterben und dem Tod", fügte sie ernsthaft hinzu.

Der Herbst fällt ins Haus

Der Tod der kleinen Hatice

Es war ein trauriger Anlass, der uns zu der türkischen Familie Uzuna führte. Die kleine fröhliche Hatice, die seit einigen Monaten unseren städtischen Kindergarten besuchte, war am Tag zuvor auf der Straße von einem Auto angefahren worden und ist noch auf dem Weg zum Krankenhaus verstorben.

Zusammen mit Saliha, unserer türkischen Mitarbeiterin, suchte ich die Familie des verunglückten Mädchens auf, um ihr im Namen der Stadt unser Beileid auszusprechen. Im Trauerhaus drängten sich viele türkische Landsleute, die Anteil nahmen an dem Leid der Eltern und sie zu trösten versuchten. Während sich die männlichen Besucher schweigsam um den wie erstarrt wirkenden Vater scharten, schrie sich die Mutter, umringt von ihren aufgewühlt auf sie einredenden Freundinnen, in herzzerreißenden Tönen ihren Schmerz von der Seele.

Wie hilflos fühlte ich mich in dieser Situation! Was hätte ich schon einer Frau, die gerade eins ihrer Kinder verloren hat, als Trost sagen können? Es war nicht nur die sprachliche Barriere, die dazu führte, dass mir die Worte fehlten, es war auch das Ausmaß des Leides, dessen Zeugin ich wurde.

So nahm ich die Trauernde nur schweigend in die Arme und drückte sie voll Mitgefühl an mich. Und während wir uns umfangen hielten und ihr Kopf an meiner Schulter ruhte, ging ihr zuvor noch wildes Schluchzen allmählich in ein leises, erlösendes Weinen über. Und ich, ich spürte ihren Schmerz so hautnah, als wär's mein eigener, und ich weinte lautlos mit. Und mit jeder Träne, die wir gemeinsam vergossen, fühlten wir Frauen uns auch ohne Worte einander näher.

In Zeit und Raum

Vier eiserne Waschbecken

> Nur nicht Anteil nehmen
> du könntest dich sonst
> verpflichtet fühlen zu helfen
> und das verdirbt den Spaß

Hier gab es keine Gemeinsamkeiten mit den modernen Zentren, den freundlich-idyllischen Vororten, den Renommier-Vierteln, die ständig ihre Fassade putzten, nein, dies war offensichtlich das Abstellgleis der Stadt, das bittere Ende, das man umging, verleugnete, aus dem Gedächtnis strich, so, als existiere es überhaupt nicht.

Nur die, die hier wohnten, konnten seine Existenz nicht leugnen, lebten sie doch in diesem Getto aus Dreck und engen Wänden und Armeleute-Geruch und Kindergeschrei und wollten raus aus diesem Rattenloch und konnten nicht raus, denn die Wohlstandsgesellschaft hatte sie ausgespuckt, hierher gekotzt, hier fest zementiert mit dem wie Pech anhaftendem Zeichen der Glücklosen, der Erfolglosen, der Hablosen, der Obdachlosen!

Und wehe, einer von ihnen versuchte, wieder auszubrechen aus diesem Getto, sich hoch zu rappeln, zurückzurobben in den Bauch der satt-bürgerlichen Gemeinschaft; die Meute würde ihm auflauern, ihn abstoßen, verstoßen, zurück stoßen in die Welt der Ausgestoßenen, die niemanden freiwillig entlässt, der einmal zu ihr gehört!

Hier also lebten sie, der Mann und die Frau, die mit ihrem Kind einst aus einem anderen Land hierher kamen, weil sie dem blutigen Bruderkrieg dort entrinnen wollten, und zwei endlose, qualvolle, entwurzelte Jahre durch die Flüchtlingslager geschleust wurden, bis sie endlich in dieser Stadt eine Bleibe fanden; eine Bleibe jedoch in einem abbruchreifen Haus, dem das nächste abbruchreife Haus folgte und das nächste, und das nächste...

Und erst, als das dritte Kind unterwegs war, wies man ihnen eine angemessene Wohnung zu, deren Miete sie jedoch nicht lange zahlen konnten, denn die Flüchtlingslager und die abbruchreifen Häuser hatten im Körper des Mannes ihre Spuren gezeichnet, ihn herz-, leber-, nierenkrank und arbeitsunfähig gemacht.

Nun hatte die Stadt die Fürsorgepflicht, zahlte Fürsorge-Almosen, sparte Mietbeihilfen, wies der inzwischen fünfköpfigen Familie ein Zimmer in einem Obdachlosen-Asyl zu. Der Eingang zu dieser Hölle besaß nicht einmal einen Bürgersteig; wozu auch, hier wohnten ja keine Bürger, hier wohnten Obdachlose!

Ein ehemaliger Rasen vor dem Haus ging über in Pfützen mit spielenden Kindern, die Pfützen reichten bis an eine Treppe, die Treppe führte in einen Flur mit niedriger, erdrückend niedriger Decke – gegenüber der Treppe vier eiserne Waschbecken mit vier eisernen Wasserhähnen für zweimal sechzehn Familien, denn zweimal sechzehn Familien mit je zwei bis sechs Kindern lebten in den winzigen Räumen hinter den zweimal sechzehn Türen der langen, dunklen, rechts und links vom Eingangsflur abgehenden schmalen Gänge.

Hier also bewohnten der Mann und die Frau mit ihren Kindern einen zwölf qm großen Raum mit der Nummer 22, und in diesem Raum wurde gewaschen und getrocknet, gekocht und gegessen, geschlafen und geliebt, gelacht und geweint, gespielt und gelernt.

Und trotz der Armut und der Enge und der schon vorhandenen drei Kinder bekamen der Mann und die Frau noch ein viertes Kind und damit Anspruch auf weitere zwölf qm Obdachlosenheim.

Aber auch zwei Zimmer boten nicht genügend Lebensraum, und so wurden die Wände feucht und die Möbel schimmelig von der Atemluft der sechs zusammengepferchten Menschen, und der Mann wurde kränker und die Frau verhärmter, und nur um der Kinder willen vergaßen sie ihren Stolz und lernten, die Wohltätigkeiten und abgelegten Kleider einiger mitleidiger Mitbürger entgegenzunehmen. Und trotz aller Misere hielten sie ihre Kinder an, für die Schule und fürs Leben zu lernen.

Das aber machte sie zu Außenseitern unter Außenseitern – Außenseiter unter denen, die im Gegensatz zu ihnen in ihrer Außenseiterrolle resignierten, Außenseiter unter Außenstehenden, die erwarteten, dass Obdachlose asozial und schmutzig und dumm und ihre Kinder Sonderschüler zu sein hätten. Und darum, so meinten jene, genügen auch in einem solchen Haus vier eiserne Waschbecken für zweimal sechzehn Familien.

Magische Momente
im Stillstand der Zeit

Und dann stürmen wir die Isenburg

Hoch über dem Ruhrtal lag die *Schwarze Lene*. Im Halbkreis vor dem Restaurant breitete sich auf einer vorspringenden Felsplattform die Cafè-Terrasse aus. Von hier aus hatte man einen berauschenden Blick über das glitzernde Band der Ruhr. Doch wir Kinder interessierten uns mehr für die seltsamen Steinmauern, die wir auf unserem Weg zu diesem Plateau entdeckt hatten.

„Was ist das für ein Bauwerk, das dort oben durch die Buchenzweige schimmert?"

„Das ist die Isenburg-Ruine. Die stammt noch aus der Zeit der alten Raubritter."

„Was? Eine echte Raubritterburg? Also, die müssen wir uns unbedingt ansehen." Und schon machten wir Geschwister uns auf den Weg. Der Aufstieg war mühsam. Wir stolperten, rutschten, kletterten, zogen uns an Baumwurzeln hoch, rissen uns die Hände blutig, schürften uns die Knie auf. Doch oben angekommen, fühlten wir uns dem Alltag entrückt, ins Wunderland der Ritter und Burgjungfern versetzt. Bizarre Lichtreflexe fielen durch die Blätter der Bäume auf die Ruine. Meterdicke Mauerreste, schmal aufragende Fensteröffnungen und große Torbögen ließen erahnen, welch ein gewaltiges Bollwerk früher diese Höhe gekrönt hat. Farnkraut, das aus Ritzen hervorquoll, Baumwurzeln, die sich wie Urwaldschlangen um Gestein und Felsvorsprünge wanden, bewacht von riesigen Bäumen, die den Himmel herausforderten. Diese Bäume - uralt, ungebändigt - schienen ein geheimnisvolles Eigenleben zu führen. Die einen krümmten sich uns entgegen wie riesige Dragoner, die anderen rollten sich zusammen wie schlafende Boas, und hier und da entdeckten wir einen einsamen Baum - nackt, verdreht, bucklig. Zwischen den Resten der Ruine wehte uns ein kalter Windhauch entgegen.

Auf dornigen Wegen hatten wir den Felsengipfel erklommen, den der Wind mit gefesselten Flügeln umtoste. Dieser Sturm brachte mein Inneres in Aufruhr. Ich glaubte, die Geister der Raubritter in den Ruinen jammern und heulen zu hören. Ich blickte auf die Felssteine, die früher die Burg trugen, suchte auf ihren Gefilden die Fußspuren der Eroberer.

Dieses halbrunde Gemäuer da vorn, könnte das nicht ein Überrest vom alten Turm der Isenburg sein? Ja, an Hand dieser Bruchstücke konnte ich mir lebhaft vorstellen, wie er früher ausgesehen haben mag: gewaltig, grau, aus grob gehauenen Steinen und abends umflattert von riesigen Eulen. Neben dem Halbrund aus dicken Felsbrocken wölbten sich eine Reihe düsterer Bögen; Fledermausdreck in den Nischen, Sonnenlicht, das gleißend durch die Fensterhöhlen fiel. All das weckte meine Neugier.

Wie reizvoll es doch war, einmal hinter das alte Gemäuer zu schauen, sich vorzustellen, wie seine ehemaligen Bewohner darin gelebt haben, einen Blick zu werfen durch den noch erhaltenen Torbogen auf die Jahrhunderte alten Bäume, die sich wie Skulpturen gegen den Himmel abhoben und zwischen ihren ausgebreiteten Zweigen das schimmernde Band der Ruhr in der Tiefe des Tales erahnen ließen. Als ich ins Sonnenlicht blinzelte, glaubte ich in der Höllentiefe Reiter zu sehen, die im vollen Galopp zum Angriff stürmten. Plötzlich waren blitzende

Schwerter zu erkennen, Staub wirbelte auf, Pferde wieherten in Todesangst.

Wollte ich eigentlich Zeuge eines solchen Schlachtgetümmels sein? Nein! Diese Kriegsspiele der damaligen Zeit waren nicht nach meinem Geschmack. Mich interessierte mehr, wie die alten Recken in Friedenszeiten gelebt haben. Was wusste ich schon von ihnen? In meinem Gedächtnis nur Erinnerungsfetzen aus alten Unterrichtsstunden! Dunkel ahnte ich, dass lange vor meiner Zeit Menschen in diesen Mauern gehaust haben: die Herrschaften sicher sehr feudal in edlen Salons, andere wiederum als Gefangene in düsteren Kellergewölben. War's im 12. oder 13. Jahrhundert oder vielleicht erst später? Was weiß ich? Doch dass sie gelebt haben – geboren, gelitten, gestorben - dafür gab es Beweise, Unzählige! Man musste nur genauer hinschauen!

Im Geist sah ich sie vorüberziehen, dreizehn, vierzehn Sekunden lang. In Scharen zogen sie vorbei: Ritter, Bauern, Handwerker, Knechte. Plötzlich glaubte ich, ein Raunen zu hören, aber es waren nicht ihre Stimmen, es war nur das Säuseln des Windes zwischen den Mauern. Die schemenhaften Wesen, sie drängelten vorbei und verschwanden im Dämmern des Waldes, bis nichts mehr von ihnen zu sehen war. Mein Bruder war es dann, der mich aus meinen Träumen riss. "He, guck mal da hinunter in die Schlucht. Boh, ist die tief!"

Bei diesem Anblick wurde mir doch etwas mulmig zumute. Und auch meine größere Schwester drängelte nun: „Wir sollten jetzt lieber runter gehen. Es wird schon dämmerig. Die Mama wird bereits sterben vor Angst, weil wir noch nicht zurück sind." Zum Glück entdeckten wir einen Trampelpfad, der uns durch Schlingpflanzen und

Brennnesselgestrüpp hindurch auf dem kürzesten Weg wieder zur *Schwarzen Lene* führte. Hundemüde, aber zufrieden, kehrten wir so wohlbehalten zurück in die warme Hülle besorgter Elternliebe.

*Der Augenblick verglüht
in einer Poesie der Stille*

In der Morgendämmerung

Der Mond ist verblasst. Silbern tropfen Tauperlen von zarten Blättern. Die Nacht trauert, weicht müde geworden dem kommenden Tag, der hoffnungsfroh am Horizont herauf dämmert. Das Licht der Kerzen ist erloschen. Zwischen den großen Bäumen des Gartens geht der Wind der Morgenfrühe.

Es ist der Augenblick des Außer-sich-Seins, jener Moment, da die Mächte der Dunkelheit noch über die Träume und Herzen herrschen, da die Finsternis ihre böse Seele aushaucht, da sich die Nacht vom Tag, die Unterwelt von der Oberwelt löst. Das Fegefeuer der Zeit hat die Erinnerung von jeglichem Zorn, von jeglicher Eitelkeit gereinigt. Alles wird bleich wie die Toten, über denen die Schatten der Zeit liegen, wie die alten Fotografien, auf denen das Licht vergangener Tage die Konturen der Gesichter verwischt. So verblasst mit der Zeit auch jede menschliche Erinnerung.

Eine Leuchtspur
ins Licht gesetzt

Eine afrikanische Prinzessin

A d e j o k e   O g u n m u k u !
Allein ihr Name klang in meinen Ohren wie eine Ur-Welt-Melodie, wie das Dröhnen der Buschtrommeln, die zu einem Fest rufen, wie der Sprechgesang afrikanischer Frauen, die auf einem Dorfplatz tanzen. Sie war so jung, so schwarz, so überaus lebendig. Hier - im Essex-County-Hospital von Colchester – in dem ich eine Krankenpflegeausbildung absolvierte, bin ich ihr zum ersten Mal begegnet und war gleich beeindruckt von ihrer Ausstrahlung, ihrer Persönlichkeit. Sie sei – so hörte ich - eine echte Prinzessin, die Tochter irgendeines großen Stammesfürsten aus einem Landgebiet in Nigeria, dessen Namen ich vergessen habe. Ihr Clan hatte sie zusammen mit ihrer Cousine Adebisi Volami nach England geschickt, damit sich beide hier in der Krankenpflege ausbilden ließen, wie man auch ihre Brüder und Vettern vom Schwarzen Kontinent aus nach Europa hergeschickt hatte, um Medizin oder Recht zu studieren und die Lebensart der Weißen in Europa zu ergründen.

Hier aber, im fremden Land - konfrontiert mit dem alltäglichen unterschwelligen Rassismus - entwickelte Adejoke ihre eigene Überlebensstrategie und eroberte sich mit Mut und Witz ihren Platz in dieser für sie neuen Welt, ohne sich selber dabei aufzugeben. Sie ließ sich weder einschüchtern von der Kühle der Engländer, noch von dem kaum verdeckten Hochmut, mit dem einige von ihnen den Schwarzafrikanern begegnete. Einmal wurde ich Zeugin, wie eine allzu englische, allzu weiße Schwesternschülerin ihr verächtlich entgegen schleuderte: „Vor einigen Jahren, hach! da wart ihr noch unsere Sklaven."

„Und ihr?" antwortete Adejoke darauf gelassen, „ihr seid doch nur in unser Land gekommen, um unsere silbernen Löffel zu stehlen."

Ja, Adejoke war schlagfertig und stolz und so temperamentvoll wie ein Vulkan, der jeden Augenblick ausbrechen konnte. Und wenn sie lachte – und sie lachte gern allen Widrigkeiten des Lebens zum Trotz – dann sprühten ihre Augen Funken, und in ihrem Mund leuchteten die weißesten Zähne auf, die ich je gesehen habe. Manchmal glaubte ich gar, dass sie mehr Zähne im Mund hatte als andere Menschen. Ich besitze noch ein Foto von ihr. Auf dem sieht sie mir mit ihren dunklen Augen selbstbewusst entgegen. Etwas ist in ihrem Blick, dass mich tief im Innern berührt. Ihre Haut ist schwarz wie dunkle Schokolade. Die Afro-Frisur mit den eingeflochtenen Muscheln und Federn verleiht ihrer Trägerin gleichzeitig etwas Heiteres und Gelassenes, Majestätisches und Wildes. Und dann der Stoff, aus dem ihr Kleid besteht! Es ist aus vielen bunt gewebten Streifen zusammengesetzt und mit unglaublichen Mustern versehen. Auf diesem Foto erscheint sie mir wie das Abbild der „Großen Mutter Afrikas", der „Hüterin allen Lebens".

Ganz anders dagegen ihre Cousine Adebisi Volami! Sie wirkte eher wie eine scheue Antilope, die bei der geringsten Witterung einer Gefahr in schnellen, aber gleichwohl graziösen Sprüngen die Flucht ergreifen würde. Adebisi war klein, nur Einsfünfzig groß, schlank wie ein Schilfrohr und dabei so schwarz, wie ich noch nie einen Menschen gesehen hatte. Sie hatte ein schönes, ausdrucksstarkes und wandlungsfähiges Gesicht. Manchmal wirkte sie wie ein Kind, das andere Mal wie ein Mädchen, dann wieder wie eine Frau, die bereits die Leiden dieser Welt kennen gelernt hat. Nur selten zeigte sie ein verhaltenes Lächeln, das ihr Gesicht aufblühen ließ wie eine Rosenknospe, doch ihr Mund blieb meist verschlossen.

„Du müsstest Adebisi mal in Afrika erleben! Du würdest sie dann nicht wieder erkennen. Also bei uns zu Hause, da ist sie ganz anders als hier, richtig ausgelassen kann sie dort sein", erklärte Adejoke. „Ja, wirklich, ob du's glaubst oder nicht, wenn wir unsere Stammesfeste feiern, dann ist Adebisi die temperamentvollste und beste Tänzerin, die je um unseren Hikorybaum tanzt. Hier in England aber, da stirbt sie fast vor Heimweh. Du weißt ja nicht, was Elend ist, solange du nicht als Afrikanerin fortgeschickt worden bist, um in einem so nördlichen Land der Erde zu leben und zu lernen

„Was Adebisi hier vermisst, willst du wissen? Ja, was wohl? Wärme, Fröhlichkeit, Offenheit und ein wenig Anteilnahme. Die Ärmsten, die Einsamsten können unter diesem fremden Himmel untergehen, ertrinken auf den Pflastersteinen einer fremden Stadt - mitten unter vielen Menschen - ohne dass sich auch nur ein einziger Passant nach ihnen umdreht."

„Nimm dazu die englische Küche", fuhr Adejoke nach einer Pause fort! „Die verträgt Adebisi überhaupt nicht, die macht sie richtig krank! Ich selber finde das Essen hier auch einfach erbärmlich, und wenn wir uns nicht hin und wieder selbst etwas zubereiten würden, dann wären wir längst verhungert."

Ja, das mit dem Essen, das konnte ich gut nachempfinden, denn auch mir schmeckte die englische Küche nicht sonderlich. Zu fade! Zu saftlos! Zu phantasielos! Und so nahm ich die Einladung der beiden Cousinen, einmal ihr

Gast zu sein bei einem von ihnen selbst zubereiteten Mahl, gern an.

Im Schwesternhaus gab es eine Teeküche mit einem einfachen Gaskocher und zwei oder drei Töpfen in der Anrichte. Aus einem Karton, der sich als frisch angekommenes Postpaket aus Nigeria entpuppte, zauberten Adebisi und Adejoke verschiedene Materialien hervor: zwei Dosen Ölsardinen, ein Glas Chili-Schoten, einige undefinierbare, schlangenförmige Gebilde und ein paar Tüten mit allerlei geheimnisvollen Pülverchen. Das alles wanderte gut verrührt in einen Topf, in dem es mit Wasser und einem Schuss Brandy zum Kochen gebracht wurde.

Nach kurzer Zeit war der Eintopf fertig. Adebisi füllte die Teller und forderte Adejoke und mich zum Essen auf. Mutig langte ich zu. Doch, Himmel und Hölle! Das Zeug brannte ja Feuer!

„Großer Gott", krächzte ich mit verbrannter Kehle, „ich verstehe gar nicht, wie ihr so was nur essen könnt? Das ist ja so scharf, wie ..., also dafür fehlen mir die Worte."

Da ließ Adejoke ihr schallendes Gelächter erklingen. Sie warf dabei den Kopf in den Nacken, um es ungehindert herauszulassen. „Kannst du dir nicht denken, warum wir so scharfe Gewürze brauchen? Weil sie uns innerlich so schön aufwärmen! Ohne sie würden wir hier im nasskalten England doch jämmerlich erfrieren."

Das konnte man irgendwie nachvollziehen, ja, doch. Weil in meinem Heimatland aber ähnliche Temperaturen herrschten wie in Großbritannien – wenn auch ohne den typischen englischen Regen - war ich auf solche Mittel zum innerlichen Aufwärmen nicht angewiesen. Ich verzichtete daher künftig gern auf ihre originellen afrikanischen Mahlzeiten. Adebisi und Adejoke zeigten durchaus Verständnis dafür. Sicher hätten auch sie dankend abgelehnt, wenn ich sie zu Original Deutscher Hausmannskost a' la Sauerkraut mit Eisbein eingeladen hätte - falls ich es ihnen im Merry-Old-England überhaupt hätte anbieten können.

Das Netz des alten Fischers

Ein stürmischer Tag. Die See war aufgewühlt, haushohe Wellen schlugen gegen die Küste. Der Junge saß am Fenster der kleinen Fischerkate und schaute gedankenverloren hinaus aufs Meer. Es war ein ebenso stürmischer Tag wie jener, als sein Vater zum letzten Mal mit seinem Boot in See stach, um Fische zu fangen. Er war ein Fischer alten Schlages und kannte keine Furcht vor den Tücken des Meeres. Wenn er das Buch von Hemingway gekannt hätte „Der alte Mann und das Meer", ich glaube, er hätte sich selbst darin wieder erkannt und hätte ebenso verbissen wie der Held in dieser Erzählung um einen großen Fang gekämpft. Doch an diesem Tag trug er seinen Kampf nicht mit einem Wal aus, sondern mit dem Sturm und den Wellen, den er verlor.

Dabei war das Ufer in der Nähe seines Dorfes schon fast erreicht, als sein Boot kenterte und er hilflos ertrank. Sein Netz war davon getrieben und hatte sich an einem Riff verheddert. Von dort hatte es sein Sohn später geborgen und sorgfältig wieder zusammen geflickt in der Hoffnung, dereinst selber mal auf See zu gehen und mit diesem Netz Fische zu fangen. Inzwischen war der Junge alt genug, um selbst als Fischer arbeiten zu können, doch die Aussichten, damit seinen Lebensunterhalt zu verdienen und eine Familie ernähren zu können, wurden immer schlechter. Die großen Fangschiffe mit ihren riesigen Schleppnetzen hatten die ehemals fischreichen Gewässer rund um die Küste fast leer gefischt.

Das Netz des Vaters hatte für den Jungen inzwischen nur noch Erinnerungswert. Er wusste, er würde einen anderen Beruf erlernen müssen als den eines Seemanns. Aber dieses Netz, das seit Generationen seiner

Familie den Lebensunterhalt gesichert hatte, das würde er mitnehmen, auch wenn er einmal von dem kleinen Fischerdorf weg in eine Großstadt ziehen sollte.

In der Dunkelheit der Nacht

Du spürst
dunkel und unentrinnbar
wie ein Lavastrom
die doppelte Tiefe in dir
eine nach dem Abgrund der Unterwelt
eine nach dem Licht der Sterne

Du spürst
der Mensch - ein Wesen
eingespannt zwischen Finsternis
und Morgenlicht
seine Seele vermag
das Gelächter der Dämonen
in der Musik einer reinen Fuge
aufzulösen

Im Tausch zwischen
Dunkel und Licht
ist nichts unmöglich
nichts bleibend
unaufhörlich verändert
sich das Bild
im Innersten des Seins

Es gibt keine Sicherheit
keine Ruhe
des einmal Geprägten in dir
wie ein unsichtbarer Zaubervogel
fliegt das Rondo
einer unvergessenen Musik
neben dir her.

> Langsam eine nach der andern
> verstreichen die Stunden
> verstreichen die Tage

Einsamkeit

„Sie wissen ja nicht, was es heißt, allein zu leben. Heute erfüllt mich die Einsamkeit mit einer furchtbaren Angst - die Leere in der Wohnung, wenn der Abend kommt. Dann habe ich das Gefühl, als wäre ich ganz allein auf der Welt, einsam und verlassen, umgeben von Gefahren, von unbekannten und schrecklichen Dingen. Das Schweigen des Zimmers, es ist so tief und so traurig, wenn man alleine lebt. Können Sie das verstehen?"

„Ja, diese Gefühle kenne ich wohl", antwortete ihr Gegenüber. „Auch ich lebe allein, auch ich fürchte die langen Abende, wenn durch das Rechteck der Fenster die Dunkelheit hereinstarrt, wenn die Nacht so still ist, wie ein Tag, an dem die Hunde nicht bellen, wenn plötzlich die Gespenster der Vergangenheit auftauchen und sich nicht vertreiben lassen wollen. Nein, es ist nicht schön, einsam zu sein."

Nun fielen sie beide in tiefes Schweigen. Doch dieses Schweigen war anders als das Schweigen des leeren Zimmers, denn sie spürten zum ersten Mal, dass sie nicht allein waren, dass es an ihnen lag, diese quälende Einsamkeit durch ein Miteinander aufzubrechen. Und das gab ihnen ein Gefühl von Hoffnung.

Allein im Haifischbecken

Sie fühlte sich verloren in der Masse, in der das Individuum kaum zur Geltung kommt. Auch innerhalb ihrer Firma fühlte sie sich wie in einem Bassin, in dem sie mit vielen kleinen Fischen zwischen einigen großen Hechten ihre Runden zog und doch nicht von der Stelle kam. Ein Netz sollte man knüpfen, dachte sie, ein Netz, nicht um andere darin einzufangen, sondern eins, das die kleinen Fische miteinander verband, sie gemeinsam stark machte. Sie sah sich um. Die kleinen Fische, das waren überwiegend die Frauen, während die männlichen Kollegen vorwiegend die Hechte, einige gar die alles beherrschenden Haie verkörperten.

Wenn ich etwas erreichen und verbessern will, dachte sie, dann geht das nur, wenn ich die Unterstützung meiner Leidensgenossinnen habe. Ja, ich sollte versuchen, ein Frauennetzwerk aufzubauen als Schutz gegen die alles beherrschende Männer-Stammtisch-Kumpanei.

Mit der Zeit fand sie Gleichgesinnte, die den Mut aufbrachten, aus ihren alten Rollenklichees des „dienenden Weibchens", in denen sie bisher gefangen waren, auszubrechen und am Netzwerk der Frauen mitzuknüpfen. Andere waren anfangs noch zu ängstlich. Bald aber wurden es immer mehr, die bereit waren, sich gegenseitig zu helfen. Nur wenn eine von ihnen im „Netz der Liebe" zappelte, scherte sie für eine Weile aus. Schrittweise aber begriff so manche von ihnen, dass zu einer erfolgreichen Arbeit und Organisation nicht nur Frauen, sondern auch Männer gehörten. Und so öffneten sie ihr Netzwerk allmählich für alle, die guten Willens waren.

> Heimat ist da wo du als Kind
> in Wasserpfützen gespielt hast

Dort wo die hohen Schlote rauchten

Was prägt einen Menschen stärker als das Umfeld, in dem er aufgewachsen ist? Ich gestehe gleich, meine Kindheit habe ich im Revier verbracht, im Revier an der Ruhr, im Bannkreis von Kohlenzechen und Hochöfen.

Ach, Sie finden das Ruhrgebiet grau, düster, hässlich? Ja, ich weiß, es gibt immer noch Menschen, die den Ruhrpott für eine rabenschwarze Angelegenheit halten. Zugegeben, wir werden nicht so verwöhnt mit Naturschönheiten wie die Rheinländer mit ihrem viel besungenen Strom oder die Bayern mit ihren grandiosen Alpen, wir können auch nicht mit einem rauschenden Meeresstrand aufwarten wie die Norddeutschen! Doch auch hier gibt es Abenteuer und Romantik, gibt es Berge, Flüsse und Seen, die sich durchaus sehen lassen können. Dazu die imposanten alten Kohlenhalden - früher urzeitlich kahl, heute begrünt mit Büschen und Bäumen, um die sich reizvolle Wanderwege schlängeln. Und dann der Mechtenberg in Rotthausen, auf dem früher die ollen Germanen ihren Göttern geopfert haben, der inzwischen zum viel beachteten Landschaftsdenkmal avanciert ist.

Und dann natürlich die Ruhr, die dem Revier ihren Namen gab! Hat sie nicht ihre verborgenen Schönheiten, ihre ganz spezifischen Reize? Zwar wurde dieser Fluss im Zuge der fortschreitenden Industrialisierung durch chemische Abwässer verpestet und vergewaltigt. Doch wir haben gelernt, damit zu leben, haben gelernt - spät, aber nicht zu spät - die an ihr begangenen Umweltsünden wieder wett zu machen. Inzwischen ist das Wasser der Ruhr reiner als vor der Jahrhundertwende, schwimmen in ihr wieder Forellen und andere muntere Fischlein, kampieren an seinen Ufern Menschen, die in enger Nachbarschaft mit Enten, Gänsen und Schwänen ein Stück Ruhr-Idylle genießen.

Und Gelsenkirchen, meine Heimatstadt, die *„Stadt der tausend Feuer"*? Auch sie hat die Sünden der Vergangenheit, hat so manche bedrohliche Krise wie den Niedergang von Kohle und Stahl überlebt, hat dabei tapfer versucht, gegen ihr Schmuddel-Image anzukämpfen, hat aus der Not eine Tugend gemacht und ihren halb verfallenen Industriedenkmälern neues Leben eingehaucht.

Diese Stadt! Ich bekenne mich zu ihr, auch wenn andere Mitbürger sie noch immer schamhaft verleugnen! Mich hat diese Stadt nie kalt gelassen, für mich war sie nicht grau und schmutzig, für mich war sie farbig, aufregend, faszinierend. Zwanzig Jahre lang war sie mein Zuhause, mein Gefängnis, meine Welt. Hier, wo die Erde versetzt ist mit dem tiefen Schwarz der Kohle, wo das Leben getränkt ist von Geschichten über Zuwanderung und Arbeit, Zechenschließungen und Arbeitslosigkeit, hier liegen meine Wurzeln, hier habe ich meine frühen Jahre erlebt.

An manchen Tagen träume ich, ich gehe wieder durch die kleine, enge Straße, in der mein Elternhaus stand. Ich schließe die Augen und kann sie riechen: heiß und staubig nach Kohlenruß. Ich kann die Hitze des Sommers spüren, die wie ein Dunsthauch zwischen den Häusern brütete, die Kühle des Herbstes, die sich wie eine Zudecke über die Gassen legte, die feuchte Kälte, die an Wintertagen aus den Gemäuern zu kriechen schien.

Ich vermisse die alten Winkel unseres Stadtviertels, vermisse das laute Stimmengewirr, wenn an lauen Sommerabenden die Bewohner vor ihren Häusern standen und über das kleine und große Weltgeschehen diskutierten. Und ich vermisse das Schauspiel, wenn sich beim abendlichen Abstich des Hochofens der Himmel purpurrot färbte.

Ja, Gelsenkirchen, das war Revier pur; war Stahlwerk, Kokerei, Zeche, qualmende Schlote. Es gab Väter, die hatten zu Hause von den Qualen der Maloche am Hochofen erzählt; da gab es nichts Idyllisches, nur Knochenarbeit und Schweiß. Die meisten Bewohner unserer Straße jedoch arbeiteten tief in den Eingeweiden der Erde. Wie schwarze Erdkäfer verließen sie den Schacht und traten mit schwarz geränderten Augen ihren Heimweg an. Und so mancher hat sich dabei seine Ruß durchtränkte Lunge aus dem Leib gehustet. Aber ihr Lebenswille blieb ungebrochen, ebenso wie ihr Stolz und ihr Ehrgeiz, sich nicht unterkriegen zu lassen.

Nein, schön war unsere Straße nicht – sie war nur ein schmaler, enger Lichtschacht, zwischen dem die Konturen der Häuser grau und schwer in den Himmel wuchsen! So eng standen sich die kargen Ziegelbauten gegenüber, dass die Sonne kaum eine Chance hatte, ihre Szenerie zu beleuchten. Schmale Gassen führten zwischen den einzelnen Häuserblocks zu engen Hinterhöfen, auf denen die Klos gleich neben den Kaninchenställen lagen.

Wo so viele Menschen auf engem Raum zusammen lebten, bildete sich automatisch eine verschworene Gemeinschaft. Man war aufeinander angewiesen, ging aufeinander zu, schnorrte sich vom Nachbarn mal ein Ei, mal etwas Salz und hin und wieder ein paar Mark, um bis zum nächsten Zahltag über die Runden zu kommen. Auch bei der großen Wäsche, beim Kohlen einscheppen und vielen anderen Gelegenheiten half man sich gegenseitig. Natürlich flogen von Zeit zu Zeit auch schon mal die Fetzen im nachbarlichen Streit. Doch nach dem Motto, *Pack schlägt sich, Pack verträgt sich*, wurden solche Unstimmigkeiten meist schnell beigelegt und die Versöhnung mit einer Pulle Bier oder 'ner Tasse *Muckefuck* besiegelt. Und wenn ein Bursche, der sich gerade draußen mit seinem Freund geprügelt hatte, lauthals zum Fenster hinauf rief: „*Mama, werf ma 'ne Stulle*", dann konnte er damit rechnen, dass die Mama gleich für beide Streithammel ein paar Stullen in den Hof herunter regnen ließ.

Überhaupt, die Fenster! Sie waren wie Bullaugen, die sich lüstern zur Straße hin öffneten und seine Bewohner mit dem prallen Leben dort draußen verbanden. Da war die alte Frau, die sich ans geöffnete Fenster setzte und weit hinauslehnte. Sie sah aus, als lehne sie alle Zeiten aus ihrem Fenster, ein entrücktes Lächeln im Gesicht. Zwei Häuser weiter ein alter Mann mit schlohweißem Haar und vor Lebenslust funkelnden Augen, neben sich auf der Fensterbank ein schwarzer Kater, der hin und wieder seine Barthaaren zucken ließ.

Und daneben gab es auch die echten Fensterrahmenbelagerer, die den lieben, langen Tag nichts anderes taten, als aus dem Fenster zu glotzen. Sie schauten den pinkelnden Hunden zu, schimpften über die Bagage von lärmenden Kindern und passten auf, ob Nachbars Lotte wieder einen neuen Verehrer hatte. Andere wiederum sahen einfach nur anderen Nachbarn zu, die mit Kissen in ihren Fenstern lagen - nichts konnte sehenswürdiger sein als diese Sehenswürdigkeit! Die Fenster, sie waren das Tor zur Welt, sie ersetzten das Theater, die Promenade und das noch nicht existierende Fernsehen.

Ja, wir waren wohl die letzte Generation, die ohne Glotze aufwuchs. Doch wir haben sie nicht vermisst, dazu waren wir zu beschäftigt. Wir waren bei allem dabei, ob gearbeitet wurde, gefeiert, gestorben, beerdigt. Wenn Besuch kam, lauschten wir fasziniert, was die Leute sich erzählten – sie schienen immer Geheimnisse zu haben. Die meiste Zeit aber verbrachten wir auf der Straße oder auf dem Hof. Wir haben uns nie gelangweilt. Immer war es aufregend, und abends wollten wir nicht heim.

Ach, diese dunklen schmalen Straßen unserer Stadt! Sie waren der Kosmos, in der sich für uns so vielfältig das Leben abspielte - all die kleinen und großen Dramen, die dort, wo Menschen so hautnah miteinander leben, wie in einem Brennglas gebündelt werden. Inzwischen sind die meisten der hohen Schornsteine weggesprengt, die Zechen stillgelegt, die Fabriken geschlossen worden.

Stärker als andere Bereiche unterliegt das Revier dem Wandel der Zeit. Doch es ist nicht klein zu kriegen, der Lebenswille dieser Region ist zäh, sein Menschenschlag zupackend und lebendig wie eh' und je. Dass man nicht alle Zeugen alter Vergangenheit, die den Pulsschlag des Ruhrpotts über viele Jahrzehnte mitgeprägt haben, einfach zum *Alten Eisen* geworfen, sondern restauriert, aufgepeppt und neuen kulturellen Bestimmungen zugeführt hat, mir gefällt's!

Unser so oft geschmähtes *Schmuddelkind,* es besinnt sich wieder mit trotzigem Stolz seiner Stärken, poliert seine Glanzlichter, streicht seine visuellen Reize, seine unverwechselbare Vergangenheit heraus, stellt sie zur Schau. Und man sieht - nicht nur die fernen Berge, Flüsse und Seen, auch die Industrielandschaft an der Ruhr hat ihre verborgene Schönheit. Wer will, der kann sie auch heute noch entdecken!

Ein seltsam kalter Sommer

Jede Nacht frösteln im Seewind
ich friere
warte wie ein Säulenheiliger darauf
von den Raben gefüttert zu werden
spüre das Ende des Sommers
fühle das eigene Ende nahen

Ich sitze am Meer
am Meer des Vergessens
lebe von einem Tag auf den andern
taumelnd
halbblind
doch ohne Zorn

Hier ist Stille
tiefe Stille
nur Wasser und die tiefe Stille
nichts schmerzt mehr
keine Sehnsucht
keine Ängste

Der Weg zurück ins Leben ist dunkel
ich tappe aus dem Nichts ins Nichts
nur hier und da leuchtet ein Wort auf
ein Begriff
wie ein Wegweiser
in eine andere Welt

Bunte Farben des Lebens

*Der Sommer ist fast vorbei
und neigt zur Welke*

Der Maler und sein Paradies

„Hör mal, Eva", wandte sich die Frau des Malers Bienroth an mich, „der Alte und ich, also wir beide, wir wollen in den nächsten Tagen für eine Woche nach Berlin fahren. Da haben wir vor Jahren wegen der Luftangriffe einen Teil seiner Gemälde bei Verwandten untergestellt, wo sie zum Glück den Krieg überstanden haben. Jetzt wollen wir sie zurückholen. Würdest du in der Zeit wohl auf unser Haus und die Tiere aufpassen? Du hast doch jetzt Schulferien, oder nicht?"

„Also, das mache ich doch gern", stimmte ich zu und freute mich schon auf eine Woche Ferien in dem kleinen Schrebergartenparadies des Künstlers, das die Stadt ihrem berühmten Künstlersohn zur Verfügung gestellt hatte, nachdem seine bürgerliche Wohnung noch kurz vor Ende des Krieges den Brandbomben zum Opfer gefallen war. Wie hätte ich auch ahnen können, was dabei auf mich zukommen würde? Zunächst ließ sich ja alles gut an. Ich hatte mein Waschzeug mitgenommen, meine Bücher und meine gute Laune. Die Tiere des Künstlerehepaares empfingen mich durchaus freundlich; der Hund sprang aufgeregt an mir hoch, die fünf Katzen strichen neugierig um meine Beine, der Hahn ließ mir zu Ehren seinen Kamm schwellen und die Hühner machten leise tuck-tuck-tuck. Nur die Gänse schenkten mir keinerlei Beachtung. Nachdem der Hund mir die Wurst vom Brot stibitzt hatte, das Federvieh mit Körnern versorgt und alle fünf Katzennäpfe gefüllt waren, wollte ich den Tag ruhig angehen lassen.

Ein merkwürdiges Dämmerlicht erfüllte den Wohnraum. Die Luft über dem Garten flirrte. Ein leichter Windhauch bewegte die Blätter der Bäume, jagte helle Lichtreflexe durch die Fenster und ließ sie an den Wänden des Zimmers auf und ab tanzen. Dies sollte für mich die Stunde der Entspannung werden. Ich kramte Hemingways *Fiesta* aus meiner Tasche und ließ mich in einem der abgewetzten Sessel nieder. Doch zum Lesen kam ich nicht. Die verflixten Katzen schienen mich als Kletterbaum zu betrachten und wetzten genussvoll ihre Krallen an meinen nackten Beinen, sodass mir um meine Haut angst und bange wurde. Wäre es nicht besser, wenn ich meine Siesta im Garten abhalten würde?

Dagegen aber schienen die Gänse was zu haben. Sie empfanden mich als Eindringling in ihrem Revier und verdarben mir mit ihrem aufgeregten Geschnatter die Freude an diesem grünen Paradies. Besonders wütend aber reagierten Gans und Ganter, als ich in dringenden Geschäften eilig dem Häuschen mit dem Herzchen am Ende des Schrebergartens zustrebte. Ihre Schnabelhiebe trafen mich wie spitze Dolche. Schließlich wagte ich mich nur noch in Begleitung des Hundes, dazu bewaffnet mit einem Stock, auf dieses blöde Scheißhaus.

Also, Schmökern in Haus oder Garten, das konnte ich mir hier abschminken. Spätestens jetzt ahnte ich - es gibt kein perfektes Paradies, keinen Ort, an dem man seine Sehnsüchte stillen, seinen Frieden finden kann! Nur Wölfi, der weiße Spitz, wiegte mich in trügerische Ruhe. Er lag den lieben, langen Tag in seiner Ecke vor dem erkalteten Ofen, schlief den Schlaf der Gerechten und öffnete nicht einmal ein Auge, wenn der Postbote am Gartenzaun auftauchte. Nein, ein guter Wachhund war er nicht. Folglich

durfte ich auch nicht wagen, das Grundstück zu verlassen, denn wer hätte da nicht hier einbrechen können!
Du heiliger Strohsack. Da saß ich hier nun mutterseelenallein, umgeben von Viechern, die nichts Gutes mit mir im Sinn hatten. Wohin konnte ich mich zurückziehen? Vielleicht ins Schlafgemach der Bienroths? Eigentlich hatte ich darin nichts zu suchen, mein Lager war auf der Couch im Wohnzimmer aufgeschlagen. Aber was tut man nicht alles in seiner Not?

So fand ich mich plötzlich in der Intimität eines fremden Schlafzimmers wieder und schaute mich mit neugierigen Kinderaugen um. Man merkte, die Frau des Hauses wollte sich nicht den Nichtigkeiten des Lebens ausliefern. Sie fürchtete wohl die Einengung des Geistes, die Abstumpfung der Seele durch Putzen und Aufräumen, und das schlug sich auf ihre Umgebung nieder: In Schubläden und Schränken herrschte ein geniales Durcheinander, auf den Möbeln flockte der Staub, über den Stühlen hingen Strümpfe, Schlüpfer, Schnupftücher, und der Fußboden war übersät mit angelesenen Büchern.

Ich weiß, es war einfach lachhaft, dass ich mich voll kindlichem Eifer bemühte, etwas Ordnung in das Chaos zu bringen. Dabei bin ich eigentlich gar nicht der Typ, der Ordnung liebt, aber ich hatte ja Zeit - Zeit, die ausgefüllt und durch gestanden werden musste. Später jedoch sollte sich zeigen, dass die Hausfrau meinen Eifer keineswegs zu schätzen wusste. „Wer hat dir erlaubt, in meinen Schränken rum zu kramen?" keifte sie. „Du wolltest mich wohl vor meinem Alten als Schlampe hinstellen, was?"

Nein, das hatte ich nicht gewollt. Ich hatte wohl noch viel zu lernen! Und ich hatte – Gott sei es geklagt – auch noch etwas weitaus Schlimmeres zu beichten. Nämlich, dass in der Nacht vor Bienroths Rückkehr so ein hundsgemeiner Dieb über den Gartenzaun zum Hühnerstall geschlichen ist und dort das schlaftrunkene Lenchen buchstäblich von der Stange gepflückt hat, um es anschließend in seiner eigenen Pfanne schmoren zu lassen. Ausgerechnet Lenchen, das Lieblingshuhn, das auf Kommando *Küsschen* gab! Ausgerechnet Lenchen, dass jeden Tag, den Gott werden ließ, ein frisches Ei legte! Ausgerechnet Lenchen, dass die Bienroths auf ihrer allererster Hamsterfahrt im Tausch gegen ein besonders farbenfrohes Ölgemälde erworben hatten!

Und die Gänse, diese sonst ewig wachsam kreischenden Vögel, was hatten die getan? Nichts, rein gar nichts! Statt lauthals Alarm zu schlagen, hatten sie ausnahmsweise mal ihre Schnäbel gehalten. Hatten sie vielleicht befürchtet, es könnte ihnen sonst selbst an die Gurgel gehen? Das hätte ich noch verstehen können. Was aber war mit Wölfi, dem Wachhund? Natürlich, der hatte den Überfall einfach verschlafen! Was konnte man von ihm schon anderes erwarten! Und Peterle - Lenchens wackerer Gockel? Ach der! Den hatte vor Schreck der Schlag getroffen. Da lag er nun, seine Krallen anklagend 'gen Himmel gereckt und rührte sich nicht mehr. Nicht mal als Braten ließ er sich verwenden! Dazu war er einfach zu zäh.

Können Sie sich vorstellen, wie mir zumute war, als ich den Heimkehrern das schrecklichen Geschehen beichten musste?
„Himmelherrgottsakra! Du dummes Gör! Konntest du nicht besser aufpassen?"

Nein, konnt' ich nicht! Wie aber sollte ich das diesen Menschen klar machen? Sie hätten es ja doch nicht verstanden. Und so verließ ich - während der große Meister mit schwarzem Anzug und Zylinder am Grabe des armen Hähnchens eine Trauerandacht hielt - gesenkten Hauptes das kleine, verstörte Paradies.

Wenn Katzen kratzen und Flöhe beißen

Noch nie hatte ich einer Gerichtsverhandlung beigewohnt. Doch kaum war ich Nachbar der Familie F. geworden, wurde ich auch schon vom Gericht unserer kleinen Gemeinde als Zeuge vorgeladen. Über eine Stunde lang hatte ich bereits auf dem zugigen Flur vor der verschlossenen Tür des Gerichtssaals auf meine Vernehmung gewartet und glaubte schon, man würde auf meine Aussage verzichten. Da endlich erschien der Gerichtsdiener und führte mich mit den Worten: „Der erste Zeuge in der Sache Familie F. gegen den verehrten Herrn Kammerjäger O." in den Gerichtssaal.

„Nun erzählen Sie uns mal, was Sie über den hier anstehenden Streitfall wissen", forderte mich der Ehrenwerte Herr Richter auf.

Ja, was wusste ich denn schon? Allzu viel konnte ich zur Aufklärung des Falles nicht beitragen, denn ich kannte die Angeklagten ja erst seit einigen Tagen. Trotzdem lagen meine Sympathien eindeutig auf Seiten der Familie F., die meines Erachtens unverschuldet in diese schreckliche Misere geraten war.

Nachdem ich den Zeugenstand verlassen hatte, wurde als nächstes eine Verwandte der Familie F. aufgerufen. Diese Frau, nicht mehr ganz jung, aber mit einem aufregenden Temperament gesegnet, bestätigte weitgehend meine Angaben, ergänzt allerdings durch zusätzliche Details, die sie überaus anschaulich vortrug. Da sie schon seit Jahren in jener wahrhaft chaotischen Familiengemeinschaft lebte, war sie natürlich bestens vertraut mit dieser Idylle. Ja, man konnte fast sagen, sie war das Herz dieser seltsamen Sippe. Dabei zeigte sie sich so herzerfrischend in der Wahl ihrer Worte, dass es ein Vergnügen war, ihr zuzuhören. Auch der Ehrenwerte Herr Richter schien Gefallen an ihren Ausführungen zu finden. Er wurde nicht müde, ihr aufmunternd Bälle zuzuwerfen, die sie begierig auffing und großartig parierte. So entstand allmählich vor den Zuhörern das bizarre Panorama eines Familiendramas, so unglaublich, dass das Publikum es nur allzu begierig in sich aufsog.

Begonnen hatte alles damit, dass Napoleon, der Kater der Familie F., bei seinen mitternächtlichen Rangeleien mit wild gewordenen Standesgenossen um die Schönste aller Katzendamen ein paar Flöhe auffing und sie freigiebig an die Familienmitglieder verteilte, wobei er selbst die spätere Chronistin dieses historischen Ereignisses nicht verschonte. Seither gab es in der ansonsten durchaus friedlichen Familie ein fürchterliches Kratzen und Umsichschlagen, ein Jaulen und Jammern, dass die Steine des Hauses vor Mitleid erweichten. Doch wie das so ist mit Flöhen; sie ließen sich weder durch Geschrei, noch durch Hauen und Umsichschlagen, ja, nicht einmal durch den penetranten Gestank von Räucherkerzen vertreiben.

Ein Kammerjäger musste her, koste es, was es wolle! Doch dabei zeigte sich, dass der stolze Kater auf diesen *Retter der Menschheit* allergisch reagierte. Kaum hatte sich der Herr Kammerjäger in das Schlafgemach der Familie F. begeben, sprang ihn Napoleon – ein kräftiges Tier mit zehn Kilo Lebendgewicht – auf die Schulter und schlug ihm die Krallen so schmerzhaft in den Nacken, dass der so heimtückisch Angegriffene eilig die Flucht ergriff, bevor er auch nur eine einzige Matratze gelüftet hatte. Nachdem auch der dritte Versuch fehlschlug, seinen beruflichen Auftrag gegen den erklärten Willen des uneinsichtigen Katers zu erfüllen, packte der durch tiefe Kratzwunden gezeichnete Kammerjäger seine Siebensachen und empfahl sich auf Nimmer-Wiedersehen. Darüber aber frohlockte nicht nur der Kater, der sich als strahlender Sieger dieses ungleichen Kampfes sah, sondern auch die Flöhe, die in dem unnachgiebigen Haustiger einen unerwarteten Verbündeten gefunden hatten. Sie fielen vor Wonne in einen wahren Blutrausch, stachen zu, saugten sich voll, pumpten sich auf und vermehrten sich lustvoller denn je.

Die Angehörigen der Familie F. aber überfiel ein echter Katzenjammer! Nicht nur, weil sie sich mit den verräterischen Schandmalen Blut saugender Ungeheuer kaum mehr unter die Menschheit trauten, nein, sie wurden auch noch verdonnert, sich vor Gericht mit dem feigen Kammerjäger herumzustreiten, der doch tatsächlich die Frechheit besaß, sie wegen Körperverletzung und verlorener Berufsehre auf Schadenersatz zu verklagen. Familie F. jedoch war keineswegs gewillt, seinen Forderungen nachzukommen, zumal die anhaltenden Attacken der siegreichen Flöhe sie nicht duldsamer werden ließen. Als aber am zehnten Verhandlungstag ein vorwitziger Flohbock selbst vor dem Ehrenwerten Herrn Richter nicht halt machte, verlor dieser endgültig die Geduld und verkündete umgehend folgendes Urteil:

„Der Hochverehrte Herr Kammerjäger verpflichtet sich dafür, bei der Familie B. alle Flöhe zu verjagen.
Der Kater erhält fortan die Auflage, den Hochverehrten Herrn Kammerjäger nicht mehr zu kratzen, sondern in dessen Besitz überzugehen und ihn bei dessen beruflicher Hatz auf Mäuse katzengemäß zu unterstützen."

Nach dieser wahrhaft weisen Entscheidung brach die Tante der Familie in einen Jubelschrei aus. Den Kater hatte sie eh' nie gemocht und war froh, ihn auf diese Weise los zu sein. Beschwingt rannte sie zum Richtertisch und drückte dem Ehrenwerten Herrn Richter einen dicken Kuss auf seine schweißnasse Stirn. Das Publikum im Saal reagierte auf diesen Affront mit begeistertem Applaus, während unser Ehrenwerter Herr Advokat - ein eingefleischter Junggeselle - rot anlief wie ein junges Mädchen.

Der überraschende Überfall auf eine so hoch gestellte Respektsperson der öffentlichen Justiz konnte naturgemäß nicht ohne Folgen bleiben. So hatte ich nur wenige Wochen später als neuer Pastor der Gemeinde die ehrenvolle Aufgabe, den Ehrenwerten Herrn Richter mit der reizvollen Tante der Familie F. zu trauen. Und wissen Sie, wer dabei Trauzeuge war? Der Hochverehrte Herr Kammerjäger persönlich, der es sich nicht nehmen ließ, während der Trauungszeremonie Napoleon, den früheren Kater der Familie F., auf seiner Schulter sitzen zu lassen. Flöhe aber durfte er nicht mitbringen in meine Kirche! Darauf hatte ich ausdrücklich bestanden.

> Wie kann ich Neues schaffen
> wenn es mir nicht gelingt
> alten Ballast abzuwerfen?

Dreizehn verhinderte Weihnachtsgänse

Ein guter Freund von mir hatte seinen Doktor in Philosophie gemacht. Doch die reine Lehre der Philosophie ernährte ihn nicht. Da kam er auf die Idee, in der Stadt, in der er wohnte, ein Restaurant zu eröffnen. Zugegeben, es war nur ein kleines Restaurant in einem kleinen verwinkelten Häuschen mit kleinen verwinkelten Räumen. Urig sah es aus mit seiner originellen Einrichtung, und gemütlich war es auch. An den Wänden hingen bunte Bilder eines Jungen Wilden, der gerade dabei war, sich einen Namen in der modernen Kunstszene zu machen.

Natürlich waren die Kunstwerke nur Leihgaben, denn mein Freund hätte sich nicht einmal Bilder von einem weniger begabten Künstler kaufen können, geschweige denn von einem angehenden Genie. Doch so sehr das Restaurant nach *Szene* roch, in den kleinen Räumen fanden nur wenige Gäste Platz. So waren zwar die Besucher des Hauses zufrieden mit dem, was die Küche bot, seinen Besitzer aber ernährte sie nicht.

„Was nützt dir ein so kleines Restaurant in einer so großen Stadt? Du musst dir eine echte Nische suchen", riet ich meinem Freund. „Und wo, bitte schön, finde ich so eine Nische?" fragte der verhinderte Philosoph skeptisch.

„Also, was hältst du von einem Reiterlokal? Nach einem langen Ausritt würden die Reiter doch gerne irgendwo einkehren, um sich zu stärken. Wenn zum Restaurant noch eine Weide gehört, auf der auch die Pferde rasten können, dann brauchst du dir keine Sorgen um ausreichende Gäste zu machen."

Der Vorschlag gefiel meinem Freund. Und siehe da, in einer kleinen Nachbargemeinde fand er auch bald einen Bauern, der ihm seine alte Scheune verpachtete, die mein Freund mit philosophischer Ruhe und erstaunlicher Tatkraft in ein zünftiges Reiterlokal umwandelte. Die abstrakten Bilder jedoch tauschte er aus gegen Pferdeposter, die kosteten fast nichts und lösten bei der neuen Kundschaft kaum kontroverse Diskussionen aus, wie sie bei „echter Kunst" nur selten ausblieben. Auch ein Stück Weideland hatte mein Freund gepachtet, auf dem die Pferde in aller Ruhe grasen konnten, während deren Besitzer und Besitzerinnen sich in aller Ruhe im Restaurant die Bäuche vollschlugen.

Zur Weide jedoch gehörten auch dreizehn schneeweiße Gänse; die hatte mein Freund dazu pachten müssen, denn der Bauer hatte nun keinen Platz mehr für sie. Die Gänse aber vertrugen sich nicht mit den Pferden. Sie gingen zischend auf die vermeintlichen Eindringlinge los und bissen sie mit ihren scharfen Schnäbeln absichtsvoll in ihre empfindlichen Beine.

Den Reitern aber gefiel das ganz und gar nicht, sie sorgten sich um ihre Gäule und drohten, wenn man den streitlustigen Gänsen das Beißen nicht abgewöhnen könne, nicht mehr wiederzukommen. Das durfte natürlich nicht geschehen. Also mussten die Gänse weg. Aber wie? Sie schlachten, braten und als Gänsebraten den Gästen anbieten? Nein, das war keine gute Lösung, denn wer wollte schon im Frühjahr fettes Gänsefleisch essen? Das wäre vielleicht zu Weihnachten möglich gewesen. Bis dahin aber war's noch eine lange Zeit.

Was nun? Der philosophische Wirt überlegte angestrengt. Die dreizehn weißen Gänse verschenken? Ja, wer wollte schon Federvieh haben, das Pferden in die Waden beißt! Aber vielleicht wussten seine Gäste ja Rat. Also veranstaltete er einen Ideenwettbewerb und setzte als Anreiz dafür folgenden Preis aus: „Die dreizehn besten Ideen werden je mit einer lebenden Gans honoriert."

War das nicht grandios? Gewinne nehmen die Leute ja immer gerne mit. Nun brauchte unser Cleverle nur noch darauf warten, dass sich mindestens dreizehn Personen an dem Ideenwettbewerb beteiligten. Auf diese Weise wäre dann sein Problem mit den dreizehn gefiederten Pferdebeißern schon gelöst.

Wohin – an Rhein oder Ruhr?

Herbstferien! Die letzten freien Tage vor dem Ende der Schulzeit. Da muss man doch was unternehmen, dachte Annerose. Mal ein bisschen raus fahren! Doch wohin? Vielleicht in den Süden?

„Wat willse inne Toskana? Bleib auffe Scholle und gieß deine Blümken." Dieser Satz des Heimatdichters Eberhard Kirchhoff brachte auf den Punkt, was die Menschen im Kohlenpott an ihrem Pantoffelgrün so schätzten. Anneroses Familie aber hatte keinen Schrebergarten, in dem sich ihre Angehörigen erholen konnten. Zum Auftanken fuhren sie meist anne Ruhr. Oder sollte es diesmal doch was anderes sein? An der Ruhr waren sie schon so oft - früher per Zug mit der Familie, später per Rad mit den Freunden. Die Ruhr kannte sie also zur Genüge.

„Wie wär's denn mit einer Fahrt zum Rhein?" schlug ihre Schwester Gaby vor. „Nur wir beide, ganz alleine!" Ja, warum nicht? Einmal mit der großen Schwester reisen, das müsste toll sein. Also, auf zum Rhein!

Sie nahmen den Spätzug – das war billiger. Bis Köln saßen fast unbeweglich, Schulter an Schulter, die Augen in die Nacht des Fensters gerichtet, durch die man zuweilen die Lichter der Häuser huschen sah.

Langsam senkte sich der Abend nieder, hüllte die Landschaft, die sich rechts und links von ihnen ausbreitete, in leicht durchscheinendes Dunkel. Der Zug fuhr am Rhein entlang, und sie betrachteten den Fluss, der sich wie ein breites Band aus Metall neben den Schienen ergoss, auf dem die untergehende Sonne rote Reflexe mit Purpur und Feuer hinterlassen hatte. Langsam verglomm dieses Leuchten, nahm tiefere Töne an, wurde trauriges Dunkel, und die Landschaft versank in der Dämmerung. Die Melancholie des Abends drang allmählich in ihre Seelen ein und machte sie schweigsam. In Bonn verließen sie den Zug. Es ging auf neun Uhr zu. Das Städtchen, das draußen hinter dem Denkmalplatz anfing, wirkte in rabenschwarzer Finsternis mit seinen erbärmlich fröstelnden Lichtern auch nur wie andere Städte seiner Art. Trostlos war es, kalt und ungemütlich. Kein Hotel, keine Pension, in die sie hätten unterkriechen können, zumindest keine, die ihrem Etat entsprach. Und so manches Haus war noch mit Flüchtlingen belegt.

Was hatten sie sich eigentlich gedacht, ohne Zimmerbuchung aufs Geradewohl loszufahren? Annerose fror, ihre Zähne klapperten. Wo sollten sie hin? Mutlos setzten sie sich auf eine Bank an der Uferstraße. Nun waren die beiden Schwestern also hier am viel gepriesenen Rhein und kamen sich recht verloren vor. Zu allem Unglück setzte inzwischen ein leichter Nieselregen ein, und sie hatten nicht einmal einen Schirm dabei. Ein Fremder sprach sie an. Hatte er Mitleid mit den zwei Gestalten, die so einsam in der Kälte saßen?

„Wo wollt ihr hin? Was habt ihr vor? Was, kein Zimmer? Ihr wollt die Nacht hier draußen verbringen? Wisst ihr was? Ein Freund von mir wohnt hier der ganz in der Nähe. Er hat sicher nichts dagegen, wenn ich euch mitbringe. Seine Wohnung ist zwar klein, aber der Platz reicht immer noch für ein oder zwei Gäste."

Skeptisch blickten die Mädchen den Fremden an. Er war unrasiert. Weiße Stoppeln waren über sein Kinn verstreut. In den Falten seines Gesichts schien sich Staub angesammelt zu haben. Seine Stimme klang seltsam spröde, aber wie er es verstand, eben diesen Mangel einzusetzen, heiser zu krächzen, dass man erschrak, fast tonlos zu flüstern, dass es einen erregte. Er handhabte seine unschöne Stimme wie ein besonderes Instrument und flößte den jungen Frauen damit Vertrauen ein, so dass sie ihm folgten, wie zwei naive Lämmer ihrem Schäfer.

Die Wohnung des Freundes war `ne richtige Bruchbude. Eine zerschlissene Couch, ein dunkel gebeizter Tisch, eine alte Holzbank und zwei wackelige Stühle bildeten das armselige Mobiliar. Dabei sollte dessen Besitzer der Sohn eines bekannten Kölner Schokoladenfabrikanten sein! Aber in diesen Nachkriegszeiten wunderte man sich nicht, wenn auch Söhne reicher Eltern so primitiv wohnten. Vielleicht war seine Villa ja den Bomben zum Opfer gefallen.

Im Grunde war es Annerose und Gaby egal, wie schäbig es dort aussah, Hauptsache, die beiden konnten die Nacht im Trocknen verbringen. Doch wo war der Freund dieses Fremden, der sich ihnen als Raul vorgestellt hatte?

„Also der, der musste noch zu irgendeinem Treffen, er wird aber sicher bald zurück sein", versicherte Raul. Und während die Mädchen geduldig auf dessen Eintreffen warteten, stolzierte Raul unentwegt wie ein Storch im Salatfeld vor ihnen auf und ab. Gaby hatte sich einen Stuhl herangezogen und darauf niedergelassen. Sie konnte sich kaum mehr auf den Beinen halten. Erschöpft schloss sie die Augen. Annerose setzte sich zu ihr. Auch sie war müde, aber wie hätte sie sich entspannt zurücklehnen können, solange der Eigentümer dieser Wohnung nicht gesagt hat, okay, ihr könnt über Nacht hier bleiben?

Mitternacht war längst vorbei, als endlich die Tür aufging und ein großer, schlanker Mann auftauchte, der es offenbar ganz natürlich fand, dass sich unerwartete Gäste in seiner Wohnung eingefunden hatten. Er strömte eine warme Sinnlichkeit aus, die den beiden ein wenig den Atem benahm. Doch ihre leisen Ängste vergingen, als der Fremde sich höflich und unaufdringlich zeigte.

„Hallo", sagte er, „ich bin der Rainer. Natürlich könnt ihr hier übernachten. Ich werde doch so nette junge Mädchen nicht bei Nacht und Regen vor die Tür jagen." Und ohne großes Aufheben bereitete er für Annerose und ihre Schwester auf dem Fußboden ein Schlaflager aus Decken und einfachen Kissen vor. Nachdem sich seine unerwarteten Gäste wie zwei schläfrige Katzen darauf eingerollt hatten, machte Raul es sich auf der Bank bequem, während Rainer sich zum Schlafen auf die Couch legte und das Licht löschte. „Na denn, gute Nacht allerseits."

Annerose war schon leicht abgetaucht ins Tal der Träume, als sie plötzlich eine leichte Berührung an ihrem rechten Fuß verspürte. Verdammt, da fingerte doch einer mit seiner Pfote an ihrer Fußsohle herum! Schlagartig war sie hellwach. Die Berührung war zart, so zart, dass das junge Mädchen sie erst kaum spürte, sich ihr auch nicht so leicht entziehen konnte. Da ist ein Könner am Werk, dachte sie, ein höchst raffinierter Kerl, ein ausgewachsener Casanova, vielleicht gar ein echter Mädchenschänder!

Die zarte Berührung ihres Fußes verursachte einen elektrischen Strom auf Anneroses Haut, einen Strom, der sich von unten nach oben hin fortpflanzte. Verdammt, dachte sie, offensichtlich gibt es an den Füßen gefährliche Stellen, von denen ich bisher nichts geahnt habe. Überlass sie bloß nicht diesem hinterlistigen Teufel, sonst ist es um dich geschehen! Eilig zog sie die Beine an und richtete sich auf. Die Hand verschwand. Voller Angst rüttelte Annerose ihre Schwester, die leise Schnarchgeräusche von sich gab, an der Schulter. „Komm, Gaby, werd wach!" flüsterte sie ihr zu, „Diese Männer, die wollen was von uns. Einer hat mich schon berührt. Hörst du nicht, Gaby? Schlaf nicht wieder ein! Wir müssen wachsam sein, alle beide."

Gaby drehte sich nur auf die andere Seite und schlief unbekümmert weiter. Annerose aber wagte nicht, sich wieder hinzulegen. Steif und verängstigt lehnte sie sich mit dem Rücken gegen die Wand und versuchte krampfhaft, ihre Augen trotz der Müdigkeit offen zu halten, um bei einer erneuten Annäherung des Fremden – wer auch immer von den beiden Männern es gewesen sein mag - gewappnet zu sein. Doch die Nacht verging, ohne dass der Verführer weitere Versuche unternommen hätte. Nach einiger Zeit fiel Gaby halbwegs beruhigt in einen leichten Schlummer.

Als es Morgen wurde und das Tageslicht den Raum erhellte, wachten die jungen Mädchen gleichzeitig auf. Auch die beiden Kavaliere wurden munter, erhoben sich von ihren Schlafplätzen, gingen in die Küche und kochten einen echten, starken Bohnenkaffee, den sie großzügig mit ihren Gästen teilten.

Danach verschwand Annerose in der Toilette, um sich frisch zu machen. Neben dem Waschbecken hing ein Bündel Papier. Da hatte wohl jemand einen billigen Groschenroman fürs Klo zurechtgeschnitten. Plötzlich aber sprang ihr eine fettgedruckte Überschrift in die Augen: „Wie Frau B. ihre Tochter zur Hure erzieht".

Herr im Himmel! In welche Lasterhöhle sind wir hier geraten. Da hatten wir ja noch Glück gehabt, dass wir in dieser Nacht so ungeschoren davon gekommen sind, dachte sie und brach beinahe in Panik aus. Mit dem gefährlichen Papier in der Hand konnte Annerose nun auch ihre Schwester davon überzeugen, dass es besser war, die Einladung zu einem längeren Verbleiben bei diesen undurchsichtigen Herren auszuschlagen. Stattdessen zogen sie es vor, die sündige Stätte schleunigst zu verlassen und ins Ruhrgebiet zurückzukehren.

Nach diesem Erlebnis hatte Annerose nur noch einen Wunsch, nämlich die letzten Ferientage in aller Ruhe zu Hause zu verbringen. Ihre Schwester Gaby dagegen zog es weiterhin zum Wasser, diesmal jedoch zur Ruhr. Gleich am nächsten Morgen ist sie in aller Frühe aufgestanden, hat sich beim Bäcker Brötchen geholt, sich dann auf ihr Rad geschwungen, und schon war sie ein weiteres Mal unterwegs, fuhr nach Steele, durch den frischen Morgenwind - vorbei an den letzten Nachtschwärmern, vorbei an den Müllbergen und Geruchswolken, die noch etwas von der Nacht erzählten - und hatte dieses befreiende Gefühl: „Endlich geht es wieder zur Ruhr, dies ist meine Stunde!"

Schon immer liebte Gaby ja die stillen Tage am Wasser, wenn der Nebel das Tal einhüllt und in eine schweigende Insel verwandelt. Schon immer liebte sie den Sprung in die kalten Fluten der an dieser Stelle träge dahin fließenden Ruhr. Heimtückische Stromschnellen konnten sie dabei nicht schrecken; sie wusste um ihre Tücken, kannte ihre gefährlichen Stellen, konnte ihnen ausweichen.

Und als erfahrene Rettungsschwimmerin brachte sie genügend Ausdauer mit, um mehrmals von einer Seite des Flusses zur andern zu wechseln. Dass die Ruhr von Abwässern verdreckt war, der *Blaue Himmel* über der Ruhr noch eine Illusion - was scherte es sie als Ruhrpottkind.

Die Sonne war längst im dunklen Abgrund des Häusermeers versunken, und der purpurrote Streifen des Abendrots zwischen den grauen Wolken glich dem Widerschein des Feuers, der beim Abstich des Stahls den abendlichen Himmel über dem Ruhrpott zum Glühen bringt, als sie erschöpft, aber glücklich wieder daheim war.

Als Gaby jedoch auch am nächsten Morgen sowie an den weiteren Ferientagen in aller Frühe ihr Fahrrad sattelte und stets erst am späten Abend mit leuchtenden Augen und glühenden Wangen nach Hause kam, da wurde es selbst dem letzten Familienmitglied klar, dass sie in den Ruhrauen ihre erste Liebe gefunden hatte.

Die Weinprobe

Ja, der Schreinermeister Rolf Domberger, der lebte gern gut. Er war ein leiblicher Mensch, der völlig in sich ruhte. Die Lebenslust war ihm abzulesen an jedem Quadratzentimeter seines Bauches. Und an seinem Lachen, das sich genießerisch über sein Gesicht wälzte. Wenn er es sich leisten konnte, gönnte er sich seine geliebte Havanna und trank dazu einen guten Tropfen Wein. Den bestellte er – ein bis zwei Kisten pro Saison – beim Weingut Pieroth, dem Elternhaus eines mit ihm befreundeten Architekten. Wenn dann die Kisten mit dem kostbaren Saft aus dem Rheinland eintrafen, lud Rolf Domberger seine besten Kumpel zur Weinprobe ein. Da standen die Flaschen dann aufgereiht auf dem Tisch und reckten einladend ihre Hälse. Der erste Rheinwein, ein Fünfunddreißiger, war schwer, ein wenig zur Süße neigend und schrie nach einem herben Siebenunddreißiger, der wiederum einen gelblichen, nicht zu herben Vierziger zum Ausgleich nach sich zog. Danach hatten die fröhlichen Zecher nicht mehr die moralische Kraft, dem feurigen Roten zu widerstehen.

Unter Zuprosten und Probieren verging die Zeit. Sie schlürften, gurgelten und schluckten genießerisch, sie redeten, lachten und zwinkerten sich beglückt zu. Und selbst Marie, Rolf Dombergers Frau, hielt tapfer, wenn auch etwas zurückhaltender, mit. Allmählich aber war der größte Durst gelöscht, und ihre Zungen gehorchten ihnen nicht mehr. Als sie aufzustehen versuchten, knickten ihre Knie leicht ein. Die Gäste verabschiedeten sich von Rolf und seiner Marie mit der strahlenden Heiterkeit, die sich unterdessen ihrem ganzen Wesen, sogar ihren Beinen, mitgeteilt hatte und zogen befriedigt im Dunkeln der

Nacht davon. Rolf Domberger verfolgte von der Haustür aus noch ein Weilchen gerührt den Zickzackweg ihres stillen Glücks. Danach ließ er sich von seiner Marie wie ein kleines Kind zu Bett bringen.

Das Leben
ein unvollendeter Traum

Im Wartesaal

Es ist ein ungemütlicher Raum, voller Qualm, voller Lärm, voller Menschen. Trotzdem fällt sie auf in diesem Gedränge. Sie sitzt da, blass, stumm, in sich gekehrt und wartet. Auf wen? Auf den Ehemann? Auf einen Freund? Eine Freundin? Auf einen bestimmten Zug? Was weiß ich!

Sie hat ein schmales Gesicht, eine weiße fast durchsichtige Haut. Ihr Haar fällt in weichen Wellen über die Schultern. Ihre Augen schimmern in einem sanften Rehbraun. Sie bestellt etwas. Tee, Kaffee, Kakao? Was weiß ich! Sie schließt für einen Moment die Augen, macht sie wieder auf, trinkt ihren Tee oder was es war, stellt die leere Tasse aufs Tablett. Sie steht auf und geht. Wohin? Nach Hause? In ein Hotel? In eine fremde Wohnung? Was weiß ich!

Sie kommt wieder, Tag für Tag, Woche für Woche, sitzt da, blass, in sich gekehrt und wartet. Auf wen? Auf den Ehemann? Auf einen Freund? Eine Freundin? Auf einen bestimmten Zug? Darauf, dass es Abend wird? Was weiß ich? Ja, was weiß ich schon von ihr? Nichts weiß ich von ihr, gar
nichts!

> Der Sommer ist fast vorbei,
> die letzten Mücken fliegen
> in die Abendsonne

Im Rosengarten

Ich möchte auf einem Rosenbeet tanzen, tanzen, tanzen und die ganze Welt umarmen. Rotes Weinlaub hängt über alten Mauern, die grau und versonnen da stehen und an Märchen erinnern, die man als Kind einmal gelesen hat.

Der alte Mann dort geht langsam zwischen den halb verblühten Rosenbeeten umher. Wenn die Beete aufhören, dreht er sich um und geht mit kleinen vorsichtigen Schritten den gleichen Weg zurück. Eine traurige Promenade. Endlich setzt er sich auf eine stille Bank und schaut sanft vor sich hin.

Gegen Abend, wenn der Mond am Himmel glüht wie eine wilde weiße Rose, zieht sich der alte Mann in sein einsames Zimmer zurück und setzt sich in seinen Schaukelstuhl. Dann schaukelt er, schaukelt und schaukelt, und das Leben rieselt dabei aus seinem Herzen, langsam, wie Sand aus einer Uhr. Vielleicht hat er jedoch nicht einmal einen Schaukelstuhl.

Ich aber, ich möchte weiter auf einem Rosenbeet tanzen, tanzen, tanzen und dabei die ganze Welt umarmen.

Der Krug und die Liebe

Noch schläft der Löwe
doch der neue Tag
kündigt sich bereits an

Lima, das hübsche Mädchen aus dem kleinen Dorf Tsane, irgendwo in der Kalahari, macht sich mit ihrer Freundin Risera auf den Weg zum Brunnen, um Wasser zu schöpfen. Der Pfad durch die unwirtliche Landschaft ist weit, der Wüstenwind heiß und trocken, doch die Mädchen lieben diesen Weg, der sie für zwei Stunden heraus führt aus dem Einerlei des Lebens in der engen Dorfgemeinschaft. Sie sind auch stolz darauf, dass sie für ihre Stammesangehörigen das kostbare Wasser holen dürfen, eine Ehre, die nur verheirateten Frauen oder schon sehr einsichtsvollen Mädchen zuteil wird. Lima und Risera tragen die handgeformten Tonkrüge freihändig auf dem Kopf, ihr Gang, ihre Haltung wirken stolz und königlich, ihre Gedanken flattern dabei frei wie Vögel.

Am Brunnen angekommen, treffen sie auf Frauen und Mädchen aus anderen Dörfern, mit denen sie Neuigkeiten austauschen und fröhlich lachen. Während Risera den alten verbeulten Eimer an einem geflochten Seil aus der Tiefe des Brunnenschachtes hochzieht und das Wasser daraus in ihren Krug füllt, sieht sich Lima um. Plötzlich schießt ihr das Blut in die Wangen. Ist das nicht Wamba, der junge Krieger und Jäger aus dem Nachbardorf, der dort hinten am Horizont auftaucht? Ihr Herz klopft heftig. Sie dreht sich ein wenig zur Seite, damit sie den Ankömmling besser sehen kann. Und schon ist es passiert, ihr Krug, den sie bereits vor sich auf den Boden gestellt hatte, kippt um. Zwar zerfällt er nicht in tausend Scherben, aber ein breiter Riss zieht sich durch das Gefäß. Lima erschrickt zutiefst. Wie konnte ihr das nur passieren? Ein zerbrochener Krug kann kein Wasser mehr halten.

Nun wird sie nicht mehr zum Brunnen gehen dürfen, um Wasser zu schöpfen. Doch was sie besonders schmerzt, ist der Gedanke, dass sie von nun an auch den jungen Krieger Wamba wohl nie mehr außerhalb ihres Dorfes treffen wird. Mit dem Krug zerbrachen auch ihre heimlichen Träume, die sich um diesen Helden rankten. Doch Lima ist zu stolz, ihren Kummer darüber offen zu zeigen.

Was aber ist mit Wamba? Hat er das Missgeschick, das Lima passiert ist, nicht auch gesehen? Hatte er den Weg zum Brunnen nicht auch gemacht, um Lima nahe zu sein? Ja, seit längerem schon hatte er daran gedacht, Lima irgendwann zu fragen, ob er für sie und für sich eine gemeinsame Hütte errichten solle. Nun aber nahm er sich vor, Limas Familie bereits an einem der folgenden Tage aufzusuchen, und ihnen im Tausch gegen ihre Tochter einen neuen Wasserkrug anzubieten. So gesehen würden die Scherben des alten Wassergefäßes ihm selber und auch Lima doch noch Glück bringen, denn, so hoffte er, ihre gemeinsame Liebe würde stärker sein, als ein alter Krug aus Ton, der nur so lange zum Brunnen gehen kann, bis er zerbricht.

Was ist Liebe ...
... ach sag du es mir

Der Froschkönig ist alt geworden

In ländlicher Idylle, abseits der Hauptstadt seines Landes, lebte der ehrenwerte Herr Nickelmeier. Er besaß dort ein großes Stück Land und hatte zudem von seinen Vorfahren ein grandioses Vermögen ererbt. Kein Wunder also, dass dieser Mann sich wie ein König vorkam und um sich herum einen entsprechenden Rahmen errichten ließ. Mit dem Bau seiner pompösen Villa hatte er den besten Architekt des Landes beauftragt. Und natürlich gehörte zu diesem Palast ein entsprechend prachtvoller Park mit einem großen Teich darin, in dem zahlreiche Goldfische ihre Runden drehten.

Dieser Herr Nickelmeier hatte auch eine kleine Tochter, die er sehr liebte, und für die er sein kleines Reich so prunkvoll herrichten ließ. Sie war schließlich seine „Prinzessin", für die nur das Beste gerade gut genug war. So hatte der Herr Papa neben anderem kostbaren Spielzeug für sie gar eine Kugel aus echtem Gold anfertigen lassen. Die kleine Prinzessin liebte diese wunderschöne glänzende Kugel über alles. Sie ließ sie gerne über den gepflegten Rasen rollen, und beobachte dabei, welchen Weg sie sich in ihrer Freiheit suchte. Aber das Rollen der Kugel allein wurde ihr auf Dauer zu langweilig, und so fing sie an, sich besondere Ziele auszusuchen, wohin sie die Kugel werfen wollte. Ihre Treffsicherheit wurde täglich größer, und so wagte sie es eines Tages auch, sie in Richtung Teich zu werfen. Doch „Plumps" machte es da und die Kugel verschwand in dem See.

Unser Prinzesschen war ganz unglücklich darüber und weinte bittere Tränen. Da hörte sie plötzlich ein lautes

Quaken. Ein riesiger Frosch saß auf einem der großen Seerosenblätter des Sees und umfasste mit seinen Vorderbeinen die glänzende Kugel des kleinen Mädchens. Hatte er das kostbare Spielzeug vom Grund des Teiches herauf geholt, oder war sie ihm auf seinem Seerosenblatt von selbst vor die Füße gerollt? Wie auch immer, dem Mädchen war das egal. Hauptsache, die Kugel war wieder aufgetaucht.

„Hallo, alter Frosch", rief das Prinzesschen dem griesgrämig dreinblickenden Gesellen auf dem Seerosenblatt zu, „wirf mir doch bitte meine Kugel zurück". Der Frosch aber dachte gar nicht daran. Was kümmerte ihn das Gejammer dieses Kindes. Er wirkte wie ein launisches von der Leine gelassenes Tier und hatte kein Verlangen danach, den Balljungen für das verwöhnte Ding zu spielen.

„He, du alter Wasserpanscher" schrie das Mädchen nun ärgerlich, als es merkte, dass der Frosch keine Anstalten machte, ihr zu helfen. „Du hast doch sonst nichts zu tun, also bring mir gefälligst meinen goldenen Ball hierher."

Der Frosch aber, ob dieser Zumutung erbost, drehte er ihr demonstrativ sein fettes Hinterteil entgegen und ließ sich dann mit einem lauten „Quak-Quak" vom Seerosenblatt in den Teich plumpsen und ward von da an nie wieder gesehen.

Die kleine Prinzessin aber jammerte über den Verlust ihres liebsten Spielzeuges. Das hörte der Gärtnerjunge, der gerade im Park die Hecken schnitt, und eilig flitzte er herbei. Unterwegs schon entledigte er sich seiner Kleidung, sprang, wie Gott ihn erschuf, in den See und kam mit der glänzenden Kugel in seinen Händen wieder heraus.

Natürlich war die Prinzessin froh, dass ihr Lieblingsspielzeug nicht wirklich verloren gegangen ist, aber so richtig glücklich machte sie das nicht. Sie kannte schließlich das Märchen vom „Froschkönig" und hatte insgeheim gehofft, der alte Frosch würde nun täglich für sie den Ball aus dem See retten. Eines Tages würde sie ihn dafür küssen, und durch ihren Kuss würde sich der garstige Frosch in einen wunderschönen Prinzen verwandeln und sie als seine Braut in sein fernes Märchenschloss führen.

Heutzutage aber geschehen solche Märchen nicht mehr. Die verwöhnte kleine Prinzessin musste sich nun gottergeben damit abfinden, dass kein verzauberter Prinz auftauchte, um den von ihr fortan mit Absicht in den See geworfenen Ball herauszuholen. Nur der kleine Gärtnerjunge gab ihren Launen stets nach und sprang für sie ins kalte Wasser, um ihr geliebtes Spielzeug wieder herauszuholen. Dieses lustvolle Spiel, das sie von nun an so gern miteinander trieben, brachte sie immer enger zusammen.

Inzwischen war der Gärtnerjunge auch zu einem feschen jungen Mann heran gewachsen, der seine Gartenarbeit mit so großem Geschick durchführte, dass er vom Vater der kleinen Prinzessin inzwischen zum obersten Pfleger der Parkanlage ernannte worden war. Und seine ehemals kleine Gespielin hatte sich im Laufe der Zeit zu einer verführerischen jungen Frau entwickelt und die Freude am Spiel mit der goldenen Kugel brachte die beiden einander immer näher und entwickelte sich allmählig zu einer Lust an gemeinsamen Begegnungen und Berührungen.

Ist es da ein Wunder, dass dieses ehemals so verwöhnte Kind irgendwann geneigt war, diesen früheren Gärtnerjungen zu heiraten? Ach, ist das wirklich so verwunderlich? Muss denn der Gärtner - wie in vielen Krimis – stets der Mörder sein? Warum kann ein solcher Rosenzüchter nicht auch mal zum Prinzen seiner geliebten Prinzessin mutieren? Ja, warum nicht?

Spiel mit Wellen Farbe Licht

Wellen
Meereswellen
ein Meer von Wellen
Quallen und Tang
Durch die Wellen treiben
so eine Welle lang

Licht
Meereslicht
ein Meer von Licht
und grün glitzerndem Tang
Durch Meeresleuchten gleiten
tausend Lichtpunkte lang

Spiel
Farbenspiel
Licht- und Schattenspiel
Burgen aus Sand und Tang
Durch die Dünen schreiten
so einen Sommer lang

Das Gelächter der Mäuse

Alois Dodeldei, du solltest dich nicht so gehen lassen! Sieh nur mal in den Spiegel, wie du wieder aussiehst! Ganz grau im Gesicht, nicht gewaschen, nicht rasiert, das Hemd ungebügelt! Ach Gott, Alois Dodeldei, was soll bloß aus dir werden? Du wirst noch vor die Hunde gehen ohne mich!

Ich weiß, ich weiß, ich bin selber Schuld, hab dich halt zu sehr verwöhnt, dir die Stullen geschmiert, den Tee gekocht, das Essen vor die Nase gestellt. Nur die Bierpullen, die hast du dir allein aus dem Keller geholt. Aber mal Einkaufen gehen, das Essen kochen, die Waschmaschine anstellen, dazu warst du dir zu fein. Du hattest ja mich, deine Frau. Jetzt aber, wo du allein bist, sieht es nicht mehr gut um dich aus, jetzt rächt es sich, dass du früher nie auf mich gehört hast. Doch keine Bange, nun bin ich wieder da, kann dir wieder sagen, wo es lang läuft.

Wo ich bin, willst du wissen? Wo soll ich schon sein? Hier unter der Couch hab ich mich versteckt. Nein, das war kein Problem für mich, hier runter zu kriechen, wo ich doch inzwischen so schmal geworden bin. Du willst wissen, warum ich wieder hierher gekommen bin? Na, hör mal, das fragst du noch? Weil's mir einfach zu langweilig geworden ist in meinem Grab auf dem Friedhof. Keiner, der mal mit mir spricht oder mit mir streitet.

Doch keine Bange, Alois Dodeldei, mit dir werd ich jetzt auch nicht mehr streiten. Könnte ja sein, dass dich dabei vor Aufregung der Schlag träfe, und dann würde man dich auf dem Nordfriedhof am Ende der Stadt beerdigen, weil der Südfriedhof, auf dem ich liege, schon voll ist. Wir könnten wir uns dann überhaupt nicht mehr unterhalten.

Wie ich hergekommen bin, möchtest du wissen? Ja, das ist so eine Geschichte für sich! Also, weil es mir doch so langweilig wurde in meinem Grab, hab ich mich einfach in eine Maus verwandelt. Ich weiß schon, eigentlich stammt der Mensch ja vom Affen ab, da hätte es wohl näher gelegen, dass ich mich wieder zum Affen gemacht hätte, aber so ein echter Affe in der Stadt wäre doch zu sehr aufgefallen. Und dann fiel mir ein, dass du mich früher immer „Mäuslein" genannt hast, also hab ich mich deinetwegen für die Mauseform entschieden. So kannst du mich auch mal in deine Hosentasche stecken und in deine Kneipe mitnehmen. Dann haben wir doch wenigstens beide ein bisschen Abwechslung.

Was, richtige Mäuse magst du nicht, und „dein Mäuschen" war ich nur, als ich noch jung und schlank war? Sei bloß stille, Alois Dodeldei, du bist doch auch nicht mehr der Jüngste und hast heute mehr Speck auf den Hüften, als Grips im Kopf!

Ach, du möchtest gern wissen, wie die kleine, dumme Maus es geschafft hat, vom Friedhof bis hierher zu kommen? Ja, Köpfchen muss man haben! Klein, aber oho! Also, wie ich mal so aus meiner Kuhle rausgucke, um zu sehen, was da oben los ist, da steht doch tatsächlich die alte Stankowitz - du weißt schon, unsere blöde Nachbarin - vor meinem Grab und zuppelt mal hier an den Blumen rum und knipst mal da was von den Rosenzweigen weg. Ich - husch-husch - damit sie mich nicht bemerkt, verstecke mich in der Schale zwischen dem vertrockneten Heidekraut. Und da nimmt die Olle doch tatsächlich diesen Pott mit nach Hause und stellt ihn in unserem Hof ab. Da brauchte ich nur noch ins Haus zu huschen, und siehste, jetzt bin ich da.

Was, du freust dich gar nicht darüber? Na hör mal, hast du etwa was mit der dicken Stankowitz angefangen? Ne? Mensch, mach mir nichts vor! Wie kommt denn die Schlampe dazu, an meinem Grab rumzufuchteln? Die will sich doch dadurch nur bei dir anköttteln. Aber der darfst du nicht trauen, Alois Dodeldei, der nicht! Die ist nicht echt. Jedes Mal, wenn sie die Blumen auf meinem Grab gegossen hat, streckt sie doch tatsächlich die Zunge raus. Bestimmt hat sie mir nie verziehen, dass ich ihr mal eine runter gehauen hab, als sie behauptet hatte, du wärst ein Säufer. Na ja, das mit dem Saufen stimmt ja wohl. Heute hast du auch wieder Schnaps getrunken, hab ich nicht Recht? Wenn du so weiter machst, Alois Dodeldei, dann siehst du noch weiße Mäuse. Und dann verwechselst du womöglich noch den dicken Hintern der Stankowitz mit dem von Claudia Schiffer.

Wie bitte? Was hast du gerade gesagt? Hab ich das richtig gehört? Ich glaub, mich beißt 'ne Maus! Die Stankowitz will gleich zum Kaffeetrinken zu dir kommen? Und Kuchen will die falsche Hexe auch noch mitbringen? Na warte, der werd ich zeigen, was 'ne richtige Maus ist! Wenn die zur Tür reinkommt, dann spring ich ihr direkt ins Gesicht. Die hat doch Angst vor Mäusen und wird solch einen Schrecken kriegen, dass sie sich nie wieder in deine - hm, ich meine - in unsere Wohnung rein traut.

Jawohl, in „unsere" Wohnung, Alois Dodeldei! Hier hab ich schließlich achtundzwanzig Jahre mit dir gewohnt, so wie ich auch achtundzwanzig Jahre lang den Namen „Dodeldei" mit dir geteilt habe.

Sehe ich das recht, du willst nicht, dass ich „unsere liebe Nachbarin" erschrecke? Also nein, das hätte ich wirklich nicht von dir gedacht; kaum hat man mich unter die Erde gebracht, da gehst du schon wieder auf Freiersfüßen! Ausgerechnet du mit deinem Fettwanst, deinen Triefaugen, deinen Plattfüßen! Da lachen ja die Hühner, ehm... Verzeihung, die Mäuse! Hörst du nicht schon das Gepipse hinterm Küchenschrank? Das sind meine neuen Freunde, die zahmen Hausmäuse, die sich bereits herrlich über dich amüsieren.

Was? Das Lachen würde denen schon bald vergehen? Du willst dir 'ne Katze zulegen? Verdammt noch mal, Alois Dodeldei! Wie kannst du nur so grausam sein? Der Teufel soll dich holen, mitsamt deiner holden Braut, und das möglichst bald!

Schon gut, schon gut, du brauchst nicht mit Schuhen nach mir zu werfen, ich verschwinde ja gleich wieder. Aber du wirst es noch bereuen! Doch dann wird es zu spät sein, denn nun verschwinde ich endgültig aus deinem Leben. Endgültig! Hast du gehört? Punkt, Schluss, Aus, Feierabend!

Das ewige Brautpaar

Sie waren seit Ewigkeiten schon ein Paar – genau genommen seit zehn Jahren! Allerdings lebten sie nicht zusammen in einem Haushalt, sondern in getrennten Wohnungen. Er wohnte noch bei seiner Mama, sie bei ihrem Papa.

„Warum heiratet ihr nicht endlich?" fragten die Freunde oft verständnislos. „Er tut doch alles für dich. Der putzt dir sogar noch glatt den Hintern ab."

„Na, ich weiß nicht recht", antwortete sie jedes Mal genervt. Ich kann mich einfach nicht entschließen."

Bei ihm war das anders. Er hatte ihr bereits drei Wochen, nachdem sie sich kennen gelernt hatten, den ersten Heiratsantrag gemacht, so verliebt wie er war. Und in einigen Abständen hat er ihn immer öfter wiederholt. Doch sie konnte sich bisher nicht zu einem „Ja" entschließen und hielt ihn zögernd hin. "Wir kennen uns noch zu wenig, lass mir mehr Zeit.

Lag dieses Zaudern daran, dass sie aus sehr unterschiedlichen Familien stammten und entsprechend unterschiedliche Erwartungen und Erfahrungen mitbrachten? Oder lag es an ihrem Beruf, den sie nicht gern eintauschen wollte gegen ein Leben als künftige Hausfrau? Ja, sie war ein sehr gefragtes Foto-Modell in der Werbebranche, arbeitete für viele bekannte Firmen, war entsprechend oft unterwegs. An den Wochenenden aber weilte sie meist in ihrer Heimatstadt. Dann konnten sie ihre Zeit gemeinsam verbringen, gingen abends oft zusammen ins Kino, ins Theater oder in ein Restaurant.

Ihr gefiel dieser Zustand, und sie fühlte sich dadurch recht unabhängig.

Doch nach zehnjähriger offener Beziehung erwachte auch in ihr plötzlich der Wunsch, ein richtiges Familienleben zu führen und so willigte sie endlich in eine Heirat mit ihrem langjährigen Partner ein.

Dadurch änderte sich natürlich ihr Alltag. Wurde es besser, wurde es schlechter? Noch konnte sie das nicht beurteilen. Sie mussten sich noch gewöhnen an ihr neues Leben zu zweit. Es waren ja erst drei Wochen seit ihrer Hochzeit vergangen, aber schon machte sich bei ihr eine gewisse Leere breit.

„Wie wäre es", fragte sie ihren frisch angetrauten Ehemann an einem dieser scheinbar immer länger werdenden Abende, „wenn wir mal wieder zusammen ins Kino gehen würden? Im Lichtspieltheater wird zurzeit ein wunderbarer Film gezeigt. Den würde ich mir gerne ansehen." Und was antwortete ihr frisch angetrauter Ehemann darauf?

„Zehn lange Jahre habe ich vor dir auf den Knien gelegen und habe immer das gemacht, was *du* gern␣wolltest. Von jetzt an werde ich nur noch tun, was *ich* will."

Fortan ist er tatsächlich nie wieder mit ihr ins Kino gegangen. Eines Tages aber brachte er einen Fernseher mit nach Hause. Das sollte dann reichen für die gemeinsamen lang werdenden Abende.

Sappho

Komm
Sappho
Priesterin der Liebe
tanze
lache
träume
weine
öffne deine Seelenlandschaft
wie ein Gartentor
gib deinen inneren Bildern
Leuchtkraft
Farbe
Worte

Lass mich
Sappho
deine Freundin sein
deine Vertraute
Seelenverwandte
öffne auch mir
den bittersüßen Hain
der Sinnlichkeit
sag mir
was Gott Amor
dich gelehrt
was für
was gegen
die Liebe ist

Ein Albtraum

Hatte er sie jemals geliebt? Er wusste es nicht mehr. Sicher, eine Zeitlang, da hatte sie ihn zumindest sexuell angezogen. Fast täglich hatte er mit ihr geschlafen oder sie auf dem Küchentisch genommen, einfach so, wie es sich gerade ergab. Wenn er Lust verspürte, war sie da, gab sich ihm willig hin, wo es auch war, wann es auch war. Doch mit der Zeit ließ sein Verlangen nach ihr immer mehr nach, und es entstand eine Leere zwischen ihnen, eine Leere, die durch nichts ausgefüllt werden konnte. Es gab nichts mehr, was sie gemeinsam bewegte, keine Wünsche, keine gleichen Interessen, einfach nichts.

Diese Leere, er konnte sie nicht mehr ertragen. Und so sagte er ihr, dass es aus sei zwischen ihnen, dass er nichts mehr für sie empfinde. Sie aber verstand ihn nicht, wollte ihn nicht verstehen, wollte bei ihm bleiben, ob es ihm passte oder nicht. Da griff er verzweifelt zu einer Notlüge und schrie:

„Ich stehe nicht mehr auf Frauen, fühle mich nur noch zu Männern hingezogen, und ich will, dass du sofort meine Wohnung verlässt und nie mehr zurückkehrst."

Sie hörte sich alles ruhig an und blieb. Da nahm er ihr den Wohnungsschlüssel ab und drohte mit dem Rechtsanwalt, sollte sie noch einmal seine Wohnung betreten. Doch als er am Abend von der Arbeit nach Hause kam, saß sie auf seiner Couch und lächelte ihn an, als wäre nichts gewesen.

Nun war seine Geduld zu Ende! Allein ihr Anblick reizte ihn inzwischen so sehr, dass er sie auf der Stelle hätte erwürgen können. Doch er riss sich zusammen, griff zum Telefonhörer und rief stattdessen die Polizei.

Der Ordnungshüter fand eine Frau vor, die verständnisvoll zu allem nickte und ohne Widerrede das Haus verließ, als er sie höflich, aber energisch aufforderte, den Mann doch bitte nicht mehr zu belästigen und endlich seine Wohnung zu räumen. Kaum aber war die Polizei verschwunden, stand die Frau wieder im Wohnzimmer und lächelte den Mann an, als wäre nichts gewesen. Da brannte bei ihm eine Sicherung durch! Er schnappte sich den Schürhaken, der am Kamin hing und schlug damit auf sie ein, schlug und schlug, wieder und immer wieder, bis er..., ja, bis er besinnungslos zu Boden sank.

Er kam erst wieder zu sich, als er ihre fürsorgliche Stimme hörte: „Sei ganz ruhig, Liebster. Es ist ja alles gut, ich bin doch bei dir!"

Nur mit Mühe gelang es ihm, seine Augen zu öffnen. Er lag im Bett, und sie lag neben ihm. Ihr Gesicht war ganz weich, und ihre schönen braunen Augen blickten ihn zärtlich an. Richtig warm wurde ihm da ums Herz.

„Ach, Schatz", seufzte er erleichtert, „was bin ich froh, dass du da bist! Ich hatte einen so fürchterlichen Alptraum! Denk nur, ich habe doch tatsächlich geträumt, du wolltest mich verlassen!"

Kamingeflüster

„Du! Ach du! Könnten wir nicht mal...?"

„Ja , was denn, mein Dickerchen?"

„Äh, ich meine...hm...hättest du nicht Lust ...?"

„Was, du meinst, wir sollten...?"

„Na ja, lass uns doch einfach mal..."

„Was denn, jetzt?"

„Ja, warum nicht? Am besten gleich! Jetzt, sofort!"

„Mensch, Liebster, das geht doch nicht!!!"

„Und warum, bitte schön, soll das nicht gehen?"

„Weil... hm, was sollen denn die Nachbarn denken?"

„Ach, das kann uns doch egal sein. Tun wir's einfach."

„Aber die Nachbarn halten uns dann ja für Wer-Weiß-Was!"

„Nur weil wir das tun, was wir schon lange tun wollten?"

„Na ja, Liebster, du kennst doch die Nachbarn, wenn wir schon so früh am Abend den Fernseher ausmachen, dann kommen die bestimmt auf komische Gedanken."

„Ach, lass sie doch, mein Schatz. Ich fände es jedenfalls himmlisch, mit dir jetzt am Kamin zu sitzen und dann …

„Was denn, Liebster, was dann???"

„Hach, dann endlich mal wieder zusammen mit dir ein gutes Buch zu lesen."